中华文学基金会
中国平安 编

爱不孤读

青少年主题征文
获奖作品集

作家出版社

目 录

序一：文学之花与种花人　鲍坚 … 001

序二：让孩子们多一双眼睛看世界　陈遥 … 004

小学组·一等奖

鸟去了，窝还在　王响 … 003

给过去、现在、将来的你　王娅璇 … 014

夏夜（外21首）　陈玉蕾 … 017

小学组·二等奖

写给未来自己的一封信　吴翔 … 039

山里的小伙伴　张茹莜 … 046

镜透时光　钟瑾萱 … 049

慢递员　夏宁然 … 052

吋钟之门　吴润宸 … 054

我们好像在哪儿见过　李伊彤 … 061

001

小学组·三等奖

后羿之箭　崔美兮 … 075

国色天香　肖文昱涵 … 077

守护　黎思伽 … 084

《守株待兔》故事新编　朱瑞淇 … 086

星光　游嘉颖 … 088

守护书香　董九祥 … 090

一根鸡毛　王艺涵 … 093

有趣的一课——画鼻子　马跃凯 … 095

老周和他的渔网　周颖 … 098

遇见未来　边雨婷 … 100

小学组·优秀奖

"白衣天使"小松鼠　蔡天宵 … 105

偶遇园林工人　陈宸 … 109

最朴实的守护　陈梓然 … 112

手工阿胶糕　蔡林凇 … 114

为守护人类而读书　李青选 … 118

母爱伴我成长　罗雪桐 … 120

雨中推车　施子键 … 122

守护的魔力　王诗涵 … 124

守护　吴烁琳 … 126

跨越时空的遇见　张逸璘 … 128

永远不会忘记你　张懿畅 … 130

城堡历险记　张宇涵 … 132

三个好朋友的奇幻漂流　靳梧桐 … 137

未来可期，遇见梦想的我　马诺霆 … 148

无止之境　付冬杨 … 151

观察让生活更美好　郑希之 … 155

初中组·一等奖

守护　张淇 … 159

守一片丹心　林星彤 … 169

通知书里隐藏的爱　郑红焱 … 174

初中组·二等奖

从"河东狮吼"到"河东狮好"　吴翔 … 187

量子时代　丘宏铭 … 197

夏至　杨陈婧婕 … 202

寒露　祁特 ⋯ 204

你的守护，我的归来　冯宇鑫 ⋯ 207

故梦　郭吉宁 ⋯ 209

初中组·三等奖

玫瑰花班的故事　沈杨涵 ⋯ 215

秋天的湖　贾云萱 ⋯ 219

我们都有光明的未来　杨慢 ⋯ 221

猫的财产　潘嘉岳 ⋯ 224

守护文学　张振宇 ⋯ 231

我的百草园　李依珂 ⋯ 234

现在，换我守护你了　陈蔚眉 ⋯ 236

人生易老，岁月无情　高子皓 ⋯ 238

你是温暖我一生的守护　赵雪含 ⋯ 241

无止之境　邵洁茜 ⋯ 244

初中组·优秀奖

手足无措的那一刻　刘卓航 ⋯ 251

只因为有你　孙杨璐 ⋯ 253

爷爷的小笼包　宋紫辰 ⋯ 255

小不为何以大用　方文尧 … 259

葡萄不吃糖　胡梦蕊 … 266

又是粽子飘香时　赵依宁 … 270

别蜀地，尽行舟　邹晓婷 … 272

庚子，长安　郝鑫玉 … 274

矛盾消灭机　金龙娇 … 277

拾　钟宝莹 … 280

生来要强　陈彦铭 … 282

定格三十三　黄贞绮 … 285

守护　詹秉恒 … 288

守护明天　莫辞 … 291

别样的"火锅"　闵诗睿 … 293

重症病房的未来　祝菲阳 … 298

序一：文学之花与种花人

鲍坚

孩子是国家的未来，是祖国的花朵。花朵的健康成长是需要浇灌的。

拿什么浇灌我们的孩子呢？是知识、品德、健康、朝气等等，还有就是文学。文学能够启迪人的心灵，尤其是具有悠久历史的中国文学。我们中国的古人说"文以载道"，说的就是文学承载着传递做人做事道理的使命。不论是小说、诗歌，还是散文、纪实文学，文学的作用不仅仅是娱乐，更重要的是从中学习和领悟做人做事的道理。而如果既能读着精彩的故事或是优美的诗歌文章，又能学习和领悟道理，那不是两全其美的事吗？当然，并不是所有的文学都是这样的既有魅力又有意义。很多文学作品在给读者带来趣味和快乐的同时，不一定直接传递着道理，但是它们能够增长知识、开阔眼界、陶冶性情，那也是很有价值的。又有一些文学作品，只是让人放松一下心情、度过一段时光，并没有传递什么不良信息，那么对它们也无可非议。在当代，随着互联网的兴起，人们对文学的需求方式和阅读习惯发生了巨大的变化，而文学的呈现方式也比以往更加丰富，文学阅读的魅力同样也更加迷人。

丰富而迷人的文学作品从哪里来？来自作家的创作。作家是用文字创造精神产品的人。好的精神产品不是人人都能创造的。一件事物，一个现象，一段故事，如果能写出优美、生动、有趣，这样的产品就是佳作，这样的作家就是有才华的作家；如果还能写出情感、写出道理、写出思想，这样的产品就更是精品力作，这样的作家就有名家、大家的风范了。怎么样才能写出好的文学作品？需要知识的积累、阅历的丰富，还有就是写作能力的培养。前两个，只要做到有心、用心，是可以在我们成长的过程中获取的；而写作能力的培养，则需要在专业的学习和专门的实践中来获取。

"爱不孤读——青少年文学素养提升计划"是中华文学基金会与中国平安共同打造的公益项目，它通过邀请文学名家进行文学讲座，帮助青少年培养对文学的热爱、提升文学素养；它同时又开展征文活动，让孩子们提高文学写作能力。这一本书，就是征文活动中优秀作品的汇集，共有七十篇作品，它们的作者遍布全国各地，有中学生也有小学生。

我有幸作为评委参与了相关作品的评审。读着孩子们的作品，我感到十分意外。孩子们的文学想象力，文字的驾驭和表达能力，对许多课本外的知识的掌握，对中国传统文化的了解，都让我惊讶，更让我欣喜，欣喜于一代又一代中国青少年对他们祖辈父辈的超越和对自己的超越——在我看来，我们这一代人总体上是没有现在的孩子们那样强烈的文学自信的。意外、惊讶和惊喜不只是我的感觉。在整个评审过程中，评委们经常互相交流同样的感受。有一个事例可以证明：为了验证孩子们的真实水平，同时也是出于对评审工作的慎重对待，对于其中一些作品尤其是知识运用特别流畅、文字表达特别有灵气、思想内涵特别丰富的作品，评委们还专门与小作者、家长和指导老师进行了沟通，而沟通之后我们得出的结论，与最初的感受也几乎是一样的。

　　文学需要薪火相传，通过它一代一代地传递做人做事的道理，传承中国人的精神。作为评委、作为作家、作为文学人，我们也曾年轻过，那时的我们稚嫩如小草，但是心有参天之志。今天的孩子们是新时代的朝阳，雏凤清音、风华更茂，他们一定能接过上一代奋发图强的接力棒，成为社会的参天大树、国家的栋梁之材，在文学上也一定是如此的。

序二：让孩子们多一双眼睛看世界

陈遥

《"爱不孤读"青少年主题征文获奖作品集》和读者见面了。这本书是中国平安与中华文学基金会2020年4月发起"爱不孤读——青少年文学素养提升计划"活动的又一个可喜成果。

作为中国平安的一名员工、志愿者，我有幸深度参与了整个项目的设计和推进。在过去两年中，因着这个项目，我和作家们一起到访广西靖西，陕西佛坪、耀州等地方，和当地的青少年们进行了深入的交流。同时，也因着我是一个孩子父亲的身份，对项目感受颇深，接受文学的滋养、热爱生活、内心丰盈能让孩子在人生路上走得更远。

中国平安自1988年成立以来，始终积极承担社会责任。特别是在2018年启动"三村工程"后，平安加大力度投入脱贫攻坚战，聚焦产业、健康、教育三个扶贫方向。多年来，平安的教育扶贫从校舍援建、派遣支教志愿者到开展远程教育，从重视硬件投入到培训校长、教师，重视学生素质教育，不断与时俱进。

引导青少年热爱生活、融入生活，认识身边的"真，善，美"，培养他们的爱心，树立正确的价值观和人生观，这是青少年文学素养提升计划的初衷之一。

孩子们的身心健康和素质教育一直受到社会各界关心。近年来，校外培训、超前教学、网络游戏等问题引发了很多讨论。为了不输在起跑线上，孩子们比大人还忙，参加各种辅导班，书包越来越重，近视眼越来越多。他们的充足睡眠时间甚至也难以保证，少了感悟生活"情，理，趣"的机会，没有机会去欣赏喷薄欲出的朝日，无暇去遥望星空和倾听草丛中的虫鸣，这实在是一种遗憾。教育部门也开始对校外培训进行整顿。平安"三村工程"的村教先后发起青少年科技素养、文学素养提升计划，就是希望能将孩子从课外班和网络游戏中争夺过来，让越来越多的孩子去亲近大自然，去体验多彩的生活。

这次七十篇获奖文章有散文、诗歌等多种作品，学生最大的十五岁，最小的八岁，来自全国各地。在这些作品中，我们仿佛听到了柔柔虫鸣、欢腾的小溪、悠长的鼾声，看到了翩翩蝴蝶、摇曳的月影、漆黑夜空和泥泞的土路。如果没有爱心，不用心观察和体验，小作者是描绘不了这种画面的。除了自然之美，有的同学通过观察小鸟，翻译鸟语，"还是那句话，父母不能罩你一辈子呀"，小鸟展翅飞走了，我们读到了父母对孩子的亲情和鼓励。有的同学记录了家乡的渔夫,头戴斗笠,披着蓑衣,摇着小船,满载而归,让我们感受到劳动的喜悦。有的同学期待着发明"矛盾消灭机",解决人类的矛盾,渴望人与人之间能相互谅解、和善相处。

帮助青少年提高观察能力和思考能力,鼓励他们将所见所思记录下来,这是青少年文学素养提升计划的初衷之二。

从获奖作品来看,该项目取得了可喜成绩。这要归功于中华文学基金会及参与的作家、老师等爱心人士。对刚开始学习写作的孩子而言,作文不是一件轻松的事。不但要知道写什么、更应该知道怎么写。写作教育应该贴近孩子们的生活,将作文与生活结合起来,在生活中寻找题材,让学生愿意动手动笔,乐于表达,找到写作灵感和源泉。在回答学生"为什么要写作"的问题时,天津作协文学院院长、《山楂树之恋》编剧肖克凡在广东紫金县洋头村平安智慧小学授课时表示:我反复地想我为什么写作?想了很多年,后来我想通一个道理,就是一句话:花要开放,谁能阻挡花的开放?诗人李元胜给孩子们讲课时说,起初他认为行走与写作像他生活中的两道平行线,互不相干,也不会发生交接。但是,他无意中发现自己的诗歌都与在自然中的见闻有关,"黄河转弯的印象""蛇行蜿蜒的轨迹"……对自然的观察和感悟让他"换一种方式写"。

"我们的世界中仅存的自然已经很小,所以我们经常忽略它们。但是它们和我们一样,都是宇宙中的精华。即使面对最小的物种,集合人类所有的知识都不可能完全阐述它的完整性。某种意义上诗歌应该补充上最缺失的一环,承担阐述一个简单或者复杂生命完整性的任务。"

通过网络直播等方式,用文学的力量,打破地域限制,让孩子们多一双了解外部世界的眼睛。这是青少年文学素养提升计划的又一个初衷。

对于偏远地区的孩子,了解外面的世界不是一件容易的事,面对面见到知名作家的机会更少。从2019年开始,中国平安和中国作家协会合作,邀请四十多位全国知名作家深入贵州黔东南、广西靖西、广东河源、江西赣州、甘肃临洮、内蒙古乌兰察布、陕西佛坪等地采风。有的作家通过平安"双帅课堂"智慧教学设备,从乡村课堂连线深圳等城市学校课堂,向更多的孩子传授写作技巧与宝贵经验。鲁迅文学奖获得者、小说家弋舟,全国优秀儿童文学奖获得者、动物小说名家沈石溪,鲁迅文学奖获得者、诗人李元胜等作家在网上为中小学生及文学爱好者讲授文学课。一百位包括茅盾文学奖获奖者在内的作家每人为孩子们推荐一本好书并写上寄语。因为有这么多有爱心的作家、老师参与和支持,青少年文学素养提升计划才展现出了活力。正如弋舟在直播课上和网友互动时表示,生命体验和生命教育经过文学的转化将会更有效地作用于青少年的世界观和价值观,"恰恰是文学,在貌似不可互相理解的世界当中,建立起一座又一座精神的、心灵的桥梁,让我们通过他人看到自己,通过他人理解世界,理解生命。"

借此机会,我祝愿青少年文学素养提升计划能越办越好,希望更多有爱心的作家、诗人围绕诗歌、小说、散文、戏剧等,面向青少年推出更多线上线下系列精品文学课。

(编者注:陈遥,中国平安集团品牌宣传部总经理)

「小学组·一等奖」

鸟去了，窝还在

成都市三原外国语附属小学　王响

今年初，当我们都隔离在家时，有两只鸟一直在花园竹林附近转悠，它们哼着小曲儿，满心愉悦地跳来跳去。声音嘹亮，但很难听，仿佛是一张厚厚的卡纸，刺啦一声被粗暴地撕开。

过了十几天，一天中午，我去花园一看，不由得感叹起来——那个小小的竹林里，已经搭出了一个窝的雏形。我想找个人共享这份惊讶，顺带炫耀一下子，因为我相信多数人只见过废弃的鸟窝。我扒开其他竹子，让那根有鸟窝的露出来，又踮起脚尖，才看到了那个未完成的窝。它搭在竹节上的枝丫处，一面靠着竹子的主干，一面靠着小枝丫。窝的底部才搭建好，就像一个画师才草草地画了几笔，但形状已经具备了。以后的每一天，我都怀着期待的心情，看着它们一点一点地圆满。我承认，这个过程有点漫长，却像看一部情节跌宕的小说，充满着神秘和向往。

一只鸟的脸部金黄，像是奶奶编的毛衣，头顶有白白的绒毛，一直延伸到脖子处，那应该是它的头发。它尾巴灰灰的，上面还有小斑点，飞行的时候就像折扇一样张开，又像一张大大的降落伞。羽毛黑黄错杂，参差不齐的边缘还带一些绿色，它全身没有一丝丝脏东西，我想，它一定很爱干净吧，一定到了每天快要结束的黄昏，会一遍又一遍地理干净羽毛吧……那玲珑的、珍珠似的小脑袋转来转去，很机警的样子。它身上有春的颜色，有生命的颜色，那我就叫它"春"吧，春，春，你喜欢这个名字吗？

我猜"春"应该是一只健壮的雄鸟，因为它的头冠像"杀马特"一样，一根根白色的羽毛竖立在头顶，而且它身上的颜色也比较鲜艳，因为在大自然中，一般是雄性颜色鲜艳于雌性，孔雀就是一个例子。

"春"先是在栏杆间的横杆上跳来跳去，然后尾巴又往下一沉，腾的一下飞到了窝边的一根竹子上。这时，我才看清它嘴边叼着一根小红绳，也许是废弃了的捆扎绳。它跳到那个窝里，偏着头，把那个红绳一头往鸟窝的缝隙里插进去，又在另一处把另一头塞了进去，跳出了窝，再歪着脑袋欣赏一下，飞走了。

我用门帘挡住自己，坐在门槛上，等着另一只。

一会儿，另一只小鸟也来了，它的模样朴素，像是一位文静的读书人。白白的围巾，平平整整的衣着，干干净净的尾羽。可它没有叼材料，只是轻轻地跳到竹子上，"检查"了一下窝的建设情况，便飞走了。这是只安静的鸟儿，像"夜"一样安静，那就叫它"夜"吧。

之后的几天，我在准备考试，复习让我忘了去观察那个窝。作为老师，妈妈也在准备着月考，也没空。几天后，在花园里的爸爸突然喊我过去。

"什么事？"我扫了一眼那个窝，它已经垒完了。是用数不清的草根、小草、小绳子，一根一根慢慢堆积起来的。这个小窝精致稳固、圆圆的，像一个工艺品，美丽又大方。

爸爸又指了指那个窝，"仔细看。"他小声地说，像怕惊动了什么。

我看到窝的一端伸出几根笔直的尾羽，一端伸出一个玲珑的脑袋。它安卧在窝里，一动不动。

那是"夜"。

在干吗？在孵蛋？

我很兴奋："爸，那是在孵蛋啊？"

"肯定咯。"爸爸小声回答。

"真的？"我再次确认一遍。

"难道还是假的吗？"

果然在孵蛋，可是不知道蛋什么颜色。是黑灰黑灰的，像一块掉了色的黑色手绢？是紫红紫红的，像两个重叠绽放的烟花？还是白白的底色，上面有各种颜色的斑点？

我伸手想去把"夜"赶走,看看鸟蛋长什么样子。可爸爸把我的手拦住了,我就知趣地放下来。

我走进卧室,想把消息告诉弟弟。可是他睡着了,因为有点发烧,就没去幼儿园。妈妈守护着弟弟,现在妈妈睡在弟弟旁边,抱着他,恨不得把弟弟包起来,不让弟弟受到一点风寒。这不得不让我想起了花园里那一幕。

今天,我上网课,因为弟弟和妈妈要在卧室、客厅活动,所以我就在花园上网课。

正上着课,"春"却立在高枝上,急促地叫起来,那聒噪的声音一下子打断了我的思路,一道考逻辑的题就这样断片儿了,我很烦躁,站起来小声道:"你这鸟,给你改名叫'臭'吧!"

可它在花园顶棚的横杠间飞来跳去,翘着屁股。它腹部的金黄肯定是谁扔了的颜料,头顶的绒毛像极了我家的抹布,它飞行的时候就骄傲地翘起屁股,"臭!不要再叫啦。"

可是它依然在叫,我收拾不了它,便去"抄家伙"。我找了一个铁棒子,"咚咚咚"地敲着地面,"张牙舞爪"地向着花园行军。

一进花园,原本已经安静了一小会儿的"臭"又叫起来,仿佛是执意与我做斗争,我进花园它就叫,这更加深了我向前继续"行军"赶走它的决心。于是,我用棒子在它周围敲打，但是它却"从容不迫"，赶走了，它就立在房顶上，见我往后退了，它又飞下来，继续它的交响曲。刚好在我去抄家伙时，老师就统计了一下人数，现在老师连麦让我讲话，我只好支支吾吾："呃，解便去了。""那你来解下这道题……"好不容易老师才放过了我，它却还在叫，好啊，臭！臭！臭！等会儿用上弹弓或者玩具枪，一定把你打下来！但就怕老师又点名统计啥的，总不能又去"解便"吧。

这时的"臭"像一个凯旋的将帅，傲立在枝头，发表着它激动人心的捷报：叽儿嘎儿啦啦儿嘎嘎嘎啦啦儿啊……我军南下击败了一名人类，敌人屡次发生暴乱，但本军采用迂回战术，养精蓄锐，避其锋芒，使其斗志丧失，军心不稳，起到压制作用。相信我方一定会以最快的速度击破敌人最后防线，取得全面胜利……

我想，它为什么要对我叫个不停呢？是想赶走我？为什么？它为什么想赶走我？我不经意瞟了一眼鸟窝和鸟窝里的"夜"。对呀！我一下子想起了以前看过的科教频道的一档节目《动物世界》里讲述的夫护妻、父护子行为，也许"臭"，不对，"春"只是以为我是入侵者，想要赶走我，以免威胁到它的窝。于是我回到了客厅上网课。

这之后，"春"和"夜"就没什么动静了。"夜"日日孵蛋，一受到惊吓就离开窝飞走，"春"也许是为了宣示天下，那片花园是它的，仍然每天来吼两嗓子。这种情况一直持续了很久，直到那一天。

那天，我朋友到家里来玩。

我们在花园里，我指着那个窝对他说："你看那些竹子后面，有个窝。"

他茫然地抬头张望："嗯？你说啥？有个窝？"

"对，有个鸟窝。仔细看嘛。"

我静静地等他发现后的惊讶表情。

不出所料，他的嘴巴张成了O形。

"哦哟——牛！"

"哈哈，没见过噻？"

"还有大鸟在里面！蹲着，在干啥？孵蛋？"

"对，孵蛋。"我故作镇定。

"牛了，简直牛了。"

当他惊奇结束后，我们坐下来聊了一会儿其他的，但后来他又谈到了鸟窝，他问："那个窝是怎么搭出来的呀？周围有人它也敢搭，搭了几天呀？"

"那个窝就是用小草条、小毛线搭出来的呀，我也觉得很神奇，就是这样，一根搭一根，一根压一根，层层叠叠地搭出来的。"我还一边说一边给他做手势，可他盯着那个窝，把我的手按下去，"嘘，"他把食指放到嘴边，"嘘——你听，我怎么感觉那个窝里的小鸟要破壳了呢。

看嘛,那只大鸟都在窝里开始叫唤了,好像还有小鸟啄壳的声音。"

我觉得不可能,蛋现在就能破壳了?是不是还得再孵一段时间?于是我嘲笑道:"别太大惊小怪的啦,这会儿孵不出来的,到时候真孵出来了,我就叫你来看……"

"不是!你看!你看!红嘴壳,呃,眼睛还没睁开,看!不!听!"

"唧——唧——唧。"

嗯?真的?让我看看。我呆住了,好久才叫出来,"喔!优秀至极!"

那几只小鸟神奇地出生了。接下来,我们又远远地看了看那个窝,想要看一下有几只小鸟,但是看不到。因为那几只小鸟孵出后,为了给它们取暖,"夜"像孵蛋的时候一样把小鸟们盖在自己身体底下,那几个小家伙伸长脖子,在鸟妈妈的翅膀底下惬意地躺在窝里。

真是幸福的一家子啊!我想,我猜我朋友也一定是这样想的。我们便谈起来了各自的出生,我先说:"我出生那年啊,2008年,正好是'5·12'后十天,我又出生在成都,离震中汶川不远。我妈告诉我,我出生那天余震特大,我都是在医院的坝坝上接生的呢!这件事还多亏了我外婆天天抱着我……"

"好家伙,人家石头缝里蹦出孙大圣,你直接是八级大地震震十天给震出来的哟！我出生没有你那么轰轰烈烈，却也有一个故事可以讲讲，我妈难产，你懂噻，我命大，我妈命也大……"

送走了同学，我一个人坐在花园里，看着鸟妈妈守护着鸟宝宝，不由得心生感慨。是呀，我们就是这样出生，直至长大的呀。长大了，我们还要像我们的父母一样，抚养儿女，守护着他们，一代又一代。守护，真是一个永恒的词语呀！

小鸟出世后不几天，我正巧在花园里浇水，就看见了鸟爸爸"春"喂小鸟吃东西。"唧——唧唧——"的声音突然传来，是小鸟在迫不及待地叫着，一看，那个窝里两个黑黑的小鸟正伸长它们那粉色的、长长的脖子，大张着嘴，一声一声地大叫着，羽毛还没长全的它们有些小丑陋。

为什么它们突然叫起来了呢？原来是它们的爸爸来了。"春"匆匆地从栅栏上飞到窝边，匆匆地打量了一下周围，再次把视线转到窝里，它匆匆地张开嘴，两只小鸟一只塞了几下，应该是喂了一些小虫子或是小果实之类的，最后在"夜"的目送下，"春"又匆匆地飞走了。

多像一个人类家庭呀，父亲外出工作，母亲在家看孩子。

时间一天天过去，小鸟也一天天在父亲"春"的辛勤哺育下渐渐长大，只是接近二十天了小鸟都一直待在母亲的保护伞下，还没有亮过相。

那是星期五，我放学回家后，正在阳台写作业，可鸟窝里一丝动静都没有，往常，不管是大鸟还是小鸟总是要叫两声的，可今天安静极了，倒是阳台外面，也许是旁边那一栋的区域，鸟叫却很激烈，愈叫愈凶。作业比较多，没时间乱想。直到婆婆手里拿着个盒子，边向我这边走来，边着急忙慌地说："响，你来看一下，这个雀雀儿是不是你们上面那个窝里的？"

我十分惊奇，心想，小鸟怎么会在婆婆手里？迎了上去："啥子哦？"

"你看哈，来，不要弄它哈。"婆婆小心翼翼地打开纸盒，"不要弄它哈，等会儿它板起跑了就糟了。"

在那个盒子里，果然躺着一只小鸟，它的羽毛已经初步长全了，变成了一个黑白相间的小精灵，它是那么地小，只有半个巴掌那么大。想必现在看到这两位"巨人"一定很害怕吧。它的身体上下起伏，突然扇起翅膀，小脚爪乱蹬，它虽然飞不起来，但是已经可以活动了。婆婆为了不让它摔下去，连忙把盒子盖上。

"在哪里找到的哦？"我问。

"就是下面那个阳台。"

"怎么会在那个地方呢？"

"不晓得嘛，我觉得可能是在学飞，我在种菜，就看到它在那儿趴着，两只大鸟在旁边使劲叫，我先没管它，想着它可能过会儿自己就飞起来了，但是它一直没动，我就把它拿上来了。"

哦，原来这个小家伙在学飞了呀，另一只呢？可能已经学会了，飞走了吧。

"给我吧，我把它放到窝里去。"我缓缓向着小鸟伸出手，轻轻托起它，小家伙叫了几声，我轻轻地把它放进了窝里。

"唧唧——喳喳喳——"那两只大鸟从小鸟飞行不成功后就没停过，不停地叫，像是在骂人一样，面红耳赤的，难道鸟也会被教育？如果把"春"和"夜"的话翻译一下，听到的一定是这样的："你自己好好想想，今天这么简单的一个飞行小测试，你竟然考了个零分。""你看看隔树的小王，人家出生三天就说话了，九天会走路，十天会跳跃，今天人家就已经会飞了！""父母不能罩着你一辈子。""我们都是为了你好。""争气一点呀！你自己不努力，可别给我们丢脸啊……"

这样"骂"了一阵，它们的声音就渐渐柔和下来，如果再翻译一下，也许会是这样的："孩子，父母永远是爱你的。""你知不知道，你掉下来后我们有多担心？我为了保护你，嗓子都吼出血了，才不让那些可怕的人靠近。"

"还是那句话,父母不能罩你一辈子呀。"

故事在这里就接近尾声了,后来,那只小鸟就飞走了,大鸟也飞走了,鸟去窝空。这段生活中的小插曲就这样匆匆结尾了。在这个我也参演了的故事中,我看到了父母与子女的守护,"它们"守护的,和"他们"守护的,还有"我们"守护的,都是——亲情。

我们守住了吗?

给过去、现在、将来的你

东港市实验小学　王娅璇

这是献给你的。

你可曾听过,那奔腾狂放的水流——你的血液,黄河长江自由的声音。你可曾看过,那高耸巍峨的山石——你的肩膀,泰山珠峰高傲的身躯。

你桀骜,我铭记你的不羁;你宽容,我仰望你的胸怀;你清高,我尊重你的自由;你勇敢,我支持你的逆行。你曾轻歌曼舞;曾铁血杀伐;曾流离失所;也曾九州独尊,这些经历显的是你的铮铮铁骨,扬的是你的落落大方。

一折戏,你的水袖被风掠过,起落又一折;一壶茶,你的细手被泉饮过,点滴又一壶。世态炎凉,你始终保持着内心的炽热。历史中时快时慢的身影,深深浅浅的脚步,江南的清风会记得,塞北的大雪会记得,我也会记得。

你陈述、感叹、疑问或祈使,九州之上回荡着你平静、柔和、激烈或冰冷的声音,那不是性格,而是态度。你传唱着"刑天舞干戚,猛志固常在"的热血,感叹着"醉后不知天在水,满船清梦压星河"的浪漫,轻笑着

"玲珑骰子安红豆，入骨相思知不知"的思念，体会着"凭仗飞魂招楚些，我思君处君思我"的离别。更奔腾着"持节云中，何日遣冯唐？"的自信，也滋润着"且将新火试新茶，诗酒趁年华"的开朗乐观，"怕人寻问，咽泪装欢"的凄苦无奈。你蹒跚学步，却又彳亍独行。在深渊攀爬时，你坚定又迷茫的步伐，倾诉着国乱民愁的恨与痛；在山河高枕时，你理智又骄傲的脚步，歌颂着国泰民安的富与荣。

你哭泣过，一声声的《玉树后庭花》把你唱得身心交瘁，你也忧惧过，一句句的《金铜仙人辞汉歌》把你毁得面目全非，但你仍拥有着首阳山上的薇菜，汨罗江中的龙舟；存留着伯牙破断的琴弦，涉、叔头顶的鸿鹄；记载着金谷的欢乐场，金銮的名利局。

沿着弯折崎岖的历史长河，经历红色变革的你，依然不断地坚持，必须做出正确的抉择，请记住，你从来不是一个人。青铜器四平八稳的造型和浓重的历史沧桑感，是你的后盾；虔诚的商队永远摇曳的驼铃，是你的战袍；金鬃烈马铁暗色的坚鞍，带你走向庄严辉煌的朱雀大街。你的人民抛开了千重枷锁，就在那一刻后，千树万树的梨花开放，白话文的春雪按着时节降临，滋养的不只是你，还有无数中华人民对你的依赖感和自豪感，是你在世界民族之林屹立的根基！你以崭新而不失古朴的形象，再次登殿加冕。

如今，你飞速发展，"十年饮冰，难凉热血"，这次，你的热血又一次爆发，如凤凰涅槃般壮美又壮烈。经历着五百年一次的重生，那是血洗，浩浩荡荡且悠久长存的，我永远记得，那在晚风中咿呀呢喃的腔调，是你的戏曲；在火窑中烈焰灼烧的陶瓦，是你的瓷器；在年岁中荡气回肠的文字，是你的诗歌；在宣纸上行云流水的容颜，是你的笔墨……你孕育的不只是这些独特的文化瑰宝，更是繁衍着你的人民的自信、不屈、坚韧、智慧，那世世不绝、生生不息的民魂一直在燃烧，冠以美名的！赞以美誉的！

你定听过，那豪放湍急的流水；你定看过，那雄伟恢宏的山石，自强不息，厚德载物，是你！金瓯无缺，江山如画，是中国！

我的祖国。

夏夜（外21首）

新余市暨阳学校　陈玉蕾

夏夜是美丽的

虫儿都在柔柔地拉着小提琴

静静的风

摇曳着月影

花儿

不论你在白昼多绚丽

现在都黯然失色了

嫦娥的身影往外探着

星星们都睡了

织女不忘为他们镀了一层银边

若是个雨夜

雨的呢喃就在耳畔飘飞

泥土的呼吸也沉重了

吞咽声不绝于口

蟋蟀在洞房边

等待新娘的到来

美妙的琴音

我拨动着琴弦,
声音从指间淙淙流淌。
一朵朵美丽的花儿,
在空气中回荡,绽放。
像花中飞舞的蝴蝶,
曼妙而欢畅。
又被污染的小河,
低声倾诉,那么忧伤。
她肚子里有好多动听的故事,
月光下鲜花盛开的春江,
夜雨洒满了潇湘。
落在平沙上的大雁啊,
飞起来吧,
那最美妙的声音,
琴弦在拨动着,
你听,她为你歌唱。

梦

梦是什么?
他是纯洁无瑕的白马,
竹批双耳峻,风入四蹄轻,
载我到广阔的大千世界里穿行。
梦是什么?
他是调皮的小孩,
摘走了我的太阳,
唉,世界一片黑暗,使我不得开心颜!
梦是什么?
他是一个魔法师,
变出了满桌的大餐。
美味的食物,
让我的忧伤瞬间烟消云散,
梦是什么?
他是我的好朋友孙悟空,
神通广大会七十二变,
伴我走过黑夜的孤单。

春

大地掩不住躁动的新绿

透露出春的信息

她笑着跑着

到人间撒欢

花儿娇羞地笑着

小草怯怯探出头

蝴蝶在花海中寻找舞伴

撞上忙晕了的蜜蜂

头上起了个青包

雨给春穿上一条丝裙

树更加神秘

大地迷蒙

鸟儿和着溪流高歌

风儿在湖面跳着碧绿的舞蹈——

《春之欢呼》

过新年

礼炮尖叫着
点亮漆黑的夜空
神采飞扬着
等待着钟声的高歌
游子扑进亲人的怀抱
年夜饭慰藉了漂泊的心
春联和新衣亲切地守望着
每一朵绽放在脸上的微笑

夜

真静啊，又好像并不是那么静，
只有月亮陶醉地看着远方。
星星不停地打哈欠，
路灯闪着微弱的光。
叹息中，万家灯火慢慢地都熄灭了，
夜，那么黑，那么长。
一阵微风拂来，
白杨的影子无声地摇晃。

此起彼伏的鼾声,
你为何那么缠绵悠长?
你是否在低声呼唤,
"快拉开夜的帷幕,
迎接跳跃的第一缕天光!"

鼓声

咚!咚!咚!
是谁在叫唤,
和着铜锣的呐喊?
也许是在歌唱,
也许是在赞叹。
也许是鼓励我前行,
让我坚强自信,奋勇向前。
也许是讴歌道德,
也许是赞颂美好的今天。
咚!咚!咚!
鼓声还在跳跃,
声音并不遥远,
不用怕,激情的旋律永驻我心间。

欢乐的蝴蝶

春天嬉笑着
姗姗而来
一只花蝴蝶停在花丛中
庆祝着
她用华丽的翅膀招呼春风
捉弄着追逐她的小手
"哈哈,抓不到我吧!"
她翩翩起舞
展现着曼妙的身姿
围观的花儿草儿
个个欢声雷动
她沐浴着春光
任由风儿撩动她的华裳
来吧,来吧
她欢呼着,雀跃着
追逐着成长的梦想

看！那小船儿

烈日炎炎的水边，
我为螺蛳姑娘做了树叶船。
清水倒映着蓝天，
小鱼舞动着漪澜。
小鸟和知了唱着起了歌，
船漂走了，慢慢消失在我眼前。
我的心也跟着荡漾。
哦，再见了，美丽的螺蛳姑娘，
哦，再见了，碧玉般的小船。
看！小船，它漂哇漂哇，
越漂越远……

如果，能够

纤纤玉手轻轻拂去那最后一缕沮丧的星尘
东方鱼肚色的天空
朝阳古旧的油漆滚筒不亦乐乎地滚动着
均匀打开一道亮丽的红屏
如果，能够

像那娇媚的东风深情吻别可爱的小情人

娇艳的红领巾是引人注目的标志

如果，能够

亲切热情地问一句"吃了吗"

把千言万语倾泻一番

抱怨枯燥的家庭作业

述说这段时间发生的点点滴滴

如果，能够

用娇嫩的声音唱响那欢乐乐章

撒开"两蹄"如小鹿般在草地撒欢

在空旷的地方大声吼一嗓子

只身奔向校园

如果，能够……

迎接明天

深夜登上天梯

极目远眺

期待海平线上光的雀跃

笑迎明天

今天将被明天抹去

把所有忧伤化为灰尘

期待明天给予你新的白纸

让你留下美好印迹

与日光飞翔

给明天抬轿

去选一个属于你的希望

嘀嗒　嘀嗒

钟声撩起东方的云雾

留下一个金黄的太阳

明天来了

蒲公英的话语

飞吧，孩子们

迎着艳阳

飞向你心中的远方

可别惦记着家

我将在星空下为你们祝福

总有一朵云能倾听你的心声

你该享受茂盛的生命了

好好珍惜这份青春

完成生命的又一个历程

我渴望

你们能成为生命诗中优美的一个词

一个惊叹号

飞吧

蒲公英母亲喃喃地说

忽然

一群圣洁的"小伞"飞向东方

这样就很好

把快乐写进每日微笑中的酒窝

与白云在池塘边写意

喜欢每日简简单单的幸福

这样就很好

抛开烦闷

用清水洗净天真的心

掩上那能见世道的云眼

知道的少会更快乐

自由了

在花海中与长袍共舞

无拘无束中

倒也珍贵

一点一滴就足够满足

笑品人生的美酒

听着夏日燥热的蝉鸣

淡淡一笑

这样就很好

希望的感言

有人把我比作星空中

最亮的星星

我使人们的人生与众不同

我是希望

迷茫的绝望的人哪

快乐找寻那属于你自己的光

找回自己

我把你们从深渊拉出

鼓动双翅

我带你飞向属于快乐的蓝天

我与快乐携手来到世界

共创幸福家园

我保证

我永远为人们点灯

我会鼓励你的

坚强点儿,爬起来走吧

隐居在深山

深情打开每一片草叶的泪眼
感受花儿奇妙的质地
树木沙哑的哼唱
那是她们幼时的歌谣
就在这空地上
与我的梅花鹿相约
蝴蝶和蜜蜂各自玩耍
偶尔在花间碰个头
黄羽毛的小鸟
带我去看那欢腾的流水吧
鱼儿在水中雀跃
让你的歌声流入水中
和水一同奔向远方
太阳从云间迸出
好一派奇妙的画面
小虫也在跌跌撞撞地飞着
我悄然离去
嘴角挂着淡淡的一抹笑

归·途

梦幻迷惘的雨中叹息一条路的泥泞
穿梭于字里行间感受作者的真情
今天坚实的马蹄格外轻盈
我潇洒地扬起鞭子——"啪"
那无数明亮动人的眸子不舍的叮咛
一位弥留之际的老者心中的无限的遗憾
是大文豪苏轼的豪放的激情
为诗词史留下灿烂的一笔
面对杂乱无章的心境
是否该在洁白的纸上诉说
悄然间浓稠的夜色笼罩大地
把北极星的那一点光明
淹没得无声无息
人生那茫茫的路
也总有万家灯火中一扇窗口为你照明
坚定不移
我笃定前行

桂花

你把我对你无限的热爱

编入你小巧的裙摆

乍看

在瑟瑟寒风发抖的小东西

真令人怜爱

可你的香气是那么迷人

你漫不经心一般

只把星点黄色

绕上了发梢

仿佛梦一般

小巧玲珑的你

寄托着游子们千丝万缕的思乡之情

想不到你是那么诗情画意

清晨

你为自己梳妆

人们向你问候

一个淡雅的笑容袅袅升起

逝去与得到

泪水盈盈地蹒跚流过面庞
我忙用心爱的小手帕将它拭去
可望着那些逝去的美好
又不禁潸然泪下
每一个新生命有力的啼哭
都有一个衰老的生命逝去
亲爱的朋友,你告诉我
我们在匆匆间又得到了什么呢
又失去了什么呢
逝去的虽然可惜
而它让明天更好
为了新的得到
逝去也是一种美

催眠曲

儿啊,来吧
躺在娘为你热好的炕头
五彩的梦是睡神为你准备的宴席

香甜跳跃的音符在耳边奏起

一幅祥和美妙的画面

睡吧睡吧

娘还得给你缝衣呢

捻起针，爱在心里

哎，儿呀

你的快乐，也是娘的幸福

思乡

街头神色漠然的行人

把自己包裹成"套中人"

无形中

将春节的喧嚣拒之千里

"每逢佳节倍思亲"呀，像一个美妙的音符

时刻在耳边响起

是否该回家看看那辛勤劳作的老父

为你缝衣过冬的老母

口罩、防护服隔离了病毒

但似乎还隔离了爱

一肚子思念延绵的话语

也要随这无情的病毒所隔离吗

不,打个电话
在电话中寻觅着那带着乡音的爱
为了将来可以一起赏花品月
我们选择等待

我的自白书

任外面愉悦的鸟鸣高叫
任风把垂柳的情丝拨撩
但我仍在静静等待
哪怕朦胧花香散发芬芳
我们只有现在学会了克制
才能有不久后的风花雪月
诱惑算得了什么
我们要理智地选择是要口罩还是呼吸机
面对肆虐的病毒,我放声大笑
病毒被千万的"逆行者"所击败
这就是我的自白
高唱凯歌消灭那"新冠病毒"

答题记

问号在痛苦地扭动着身子
喘息着要吞下那炽热酸苦的问题
答案如倾国的宝贝
被人万分珍惜地严密包起
虽已满手血泡,但坚持不懈
一点点剥开坚硬的外层
去觅着它高贵娇美的身影
头破血流的我好像胜利了
如翩翩燕子般的我在空中潇洒
若喜狂欢地验证着这个奇迹
在括号房中怎不见它的身影
一个智力平平、丑恶矮小的东西
在疑惑地望着我
我绝望地大叫
怎么又做错了呀!

『小学组·二等奖』

写给未来自己的一封信
——地球灾难应对说明书
深圳市龙华区观澜第二小学　吴翔

未来的我：

你好！有幸收到中华文学基金会关于"我看未来"的邀请，让我谈谈对未来的看法，于是一挥而就此信。

当你收到这封信时，是2050年十一二月，应该也是岁末前后，但你应该没有心思过节了，因为不久前一颗行星撞击了地球，引发地震、火山、海啸、停电，人类正面临历史上最大的一次生存挑战。这封信，是"及时雨"，是告诉你能做什么、如何活下去、如何帮助别人、如何拯救地球的最简明"做法"，是一封地球灾难应对说明书：

一、迎来"宽限期"

这次大灾难后，有一个大约五十年的宽限期，持续到2100年。什么是宽限期和为什么会有宽限期？

你想，大多数人已经遇难，所以，你会平白地拥有一大批残存的资源，比如，找到一所空房子暂时住，不难。如果你再有幸找到一个大超市，里面的食品，能帮你支撑很长一段时间。这就是宽限期。

如果你一个人拥有一家大超市，因为里面有很难变质的食品，比如干燥的大米可以保存五到十年，再加上罐头，可以保存食物不变质几十年，你要是精打细算省着吃的话，理论上一家大超市可以供养你五十五年，如果再加上猫粮狗粮也吃，那就是六十三年。

人是群居动物，是社会动物。所以，不仅你要生存，也要帮助其他幸存者共同存活下去。所以你要与幸存者们共享这些食物。不要担心"三个和尚没水吃"。宽限期的食物是足够的。比如，英国在2010年做过一个估计，全英国保存的，常温下也不会迅速变质的食物，可以供全英国人吃十二天左右。但是大灾难之后，假设英国剩下了一万人，共享这批食品，那么理论上可以吃五十年。

自助，也要助人。要确立分配的规则，防止争抢这些残存的资源。

如何利用宽限期？宽限期你们应该做什么——

二、火

保障你生存的是火。尽可能多地从小卖部和家庭中收集足够的火柴,和一次性燃气打火机。要学会用搜集来的材料取火。如果天气晴好,可以用放大镜、眼镜,把阳光聚成一个灼热的焦点。从废弃汽车中拆出电池,在其正负极跨接引线碰到一起可以生出火花。从废弃的人类居所中收集足够的优质易燃物,比如棉花、羊毛、衣服或者纸。

三、水

除了火,你需要源源不断的清洁饮用水。你要从超市或者写字楼里的饮水机搜集瓶装水。每一名幸存者每天需要至少三升清洁的水。

除掉水中病原体的一种可靠方法是煮沸几分钟。

掌握净化水的技术。结合过滤和灭菌两种手段可净化水。找到塑料桶之类的高容器,在底部打一些小孔,盖上一层木炭。木炭可以从工具店中获取。在木炭层上方交替铺细沙和碎石。把水倒入容器,从下方流出时,大部分颗粒物质都会被有效地过滤掉。

塑料瓶不仅可以存水,还可以用来消毒。太阳能饮用水消毒法仅仅需要阳光和透明的瓶子:将透明塑料瓶的标签撕掉——不过不要使用容积超过两升的瓶子,因为阳光的关键波段无法穿透——灌满需要消毒的水,然后放在阳光的直射中。阳光中的紫外线对于微生物极具破坏性,如果水被加热到50℃以上，更是极大地增强了杀灭效果。

四、药物

你要保证拥有各种类别的止痛剂、消炎药、止泻药和抗生素等药物。你可从废弃的医院、诊所和药店中搜集。此外，你还应当去宠物商店和兽医诊所。用于牲畜、宠物，甚至是观赏鱼类的抗生素和用于人类的完全一样，不应该被忽视。

五、居住地：从城市搬到郊区

为什么是郊区或城乡接合部？因为这里既靠近城市，方便随时进城搜集上述有用的资源，又接近乡野，有可耕种的土地、河流、树木。

六、发电

最简单的短期解决方案是从道路施工地或者建筑工地搜集移动柴油发电机。

你需要拆回一台汽车交流发电机。汽车交流发电机是一种精巧的机械。只要让转子旋转起来，端子上就能稳稳地流动着12伏特直流电，不论转子的旋转速度是多少。

收集一种重要的资源——汽车电池。它们的设计初衷是瞬间释放大电流来发动起步电动机。但它一旦被放电超过5%，就很容易被毁掉。

搜集可充电铅酸电池。它以深度循环著称。具体搜索对象包括拖车和其他休闲车辆、高尔夫球场推车。

还要尽量回收一种叫作逆变器的设备。它可以将直流电转化为240伏特的交流电，可以用来驱动其他装置。

七、重建农业

写此信时的世界有几百个种子银行，是我们留给你们的礼物。其中最大的是英国伦敦附近的西苏塞克斯郡千年种子银行。那里的多层地下保险库能够抵挡原子弹的攻击，亿万颗种子被保存在里面。

其次是斯瓦尔巴全球种子库。这座仓库位于挪威斯匹茨卑尔根岛一道山坡内部一百二十五米处。一米厚的钢筋混凝土墙、防爆门和气闸能够保护内部的生物藏品免遭最严重的全球性灾难，即便在断电的情况下，周围的永久冻土（种子库地点在北极圈以内）也会自然而然地将温度保持在零摄氏度以下，从而实现长期保存。可发育的小麦和大麦种子将在超过一千年的时间里得到保护。

八、用数学和科学逐步重建文明

物理学家理查德·费曼(Richard Feynman)思考人类知识全部消亡后,人们可以采取什么对策时,假设自己只能说一句话,那什么句子能够用最少的词表达最多的信息呢?费曼说:"是原子假说:所有物体都由原子构成——这些微小的粒子永远不停地运动着,稍微远离一点便互相吸引,被挤压时便互相排斥。"

你们——灾难的幸存者——将会领悟到科学知识的极端重要性,要培养一种好学勤思、善于分析、基于实证的思维模式。这是幸存者必须保持不灭的火焰。

凭借数学和科学,你们才能大幅提高食物生产率,掌握棍棒和火石之外的材料,驾驭你们自己肌肉之外的力量,建造能把你们送到脚力所不能及之处的交通方式。

科学建造了我们的现代世界,重建它的,也必将还是科学。

好了,纸短情长。这就是我对充满不确定性未来的一封"说明书",全信读下来可能显得比较"科学"和"冷",在最后,让我引用几句诗来点燃对未来充满希望的祝福吧:

我不去想是否能够成功

既然选择了远方

便只顾风雨兼程

我不去想未来是平坦还是泥泞

只要热爱生命

一切，都在意料之中

祝：
香火相传
薪火相传

现在的我：吴翔

2020年11月24日

山里的小伙伴

重庆市渝中区人和街小学　张茹菝

六一节去山区学校公益活动
我有了一个山里的小伙伴
她和我一样读小学二年级
总是笑眯眯的她长得比我还高
我的班上四十七位同学
把教室挤得满满当当
她的班里只有八位同学
桌椅板凳在教室里有点孤单
我的课桌里放的是
《爱丽丝梦游仙境》
她课桌上放的是
《黄冈小状元》和《数学同步题》
我们一起坐在台阶上聊着开心事
八卦了《跑男》里的明星
我告诉她我朗诵比赛得了好名次
她说她昨天还给外地打工的妈妈通了视频

中午去她的食堂打饭吃

看见食堂前一天的菜谱是

炒土豆丝、炒花菜、回锅肉、黄豆芽汤

和我们食堂的菜谱也大差不离

临别时我说我明年六一再来看你

她却说明年也许我已经不在这里

每学期班上都有同学转学到爸妈打工的南方去

唉,我们没有说再见只默默把电话号码记下

昨天接到她用奶奶手机给我的电话

兴奋地告诉我她爸妈春节就要回来了

最开心的是爸妈不用再外出打工去

因为村里新办的工厂已经提前把他们招聘

山里的小伙伴,真替你高兴

明年六一节我还要来和你比拼一个亲子游戏

题记:

去年六一节,跟随重庆广播电视总台"小小朗读者"公益活动走进重庆市万盛区的山区小学——民权学校,第一次近距离地和山冈的小伙伴交朋友,同他们聊天、玩耍、做游戏,参观他们的学校、教室、食堂,还和他们一起吃饭,通过活动接触交流和他们成了好朋友。在活动中，我看到现在农村山区小学的校舍都修得不错，教室里的电教设备也不差，学校的操场比我们城里的学校还大，他们的课本和我们的也一样，就连食堂的菜谱也差不多。但在我们一起快乐的玩耍中，我也感到了他们的忧愁和不开心，就是他们的爸爸妈妈没有在身边，原来他们就是所谓的"留守儿童"，他们最期望的就是和爸爸妈妈团聚。回来以后，我一直牵挂的就是山里小伙伴和爸爸妈妈团聚的愿望能不能实现，这也是我的一个小心愿！

2020年1月18日

镜透时光

上海市青浦区豫英小学　钟瑾萱

"哗啦哗啦……"镜子再次碎裂……

数小时以前,一束忽然出现的亮光把我带到了这个地方。直到现在我才发现,自己被卷进了一个游戏,叫作"镜子房",玩家控制游戏中的人物,走在四周都是镜子的房中。而玩家需要找到那一面假镜子;如果选错,镜子会碎裂,人物会移动到另一间难度升级的镜子房中;如果选对,假镜子会消失,人物进入下一间镜子房,而我,就是那个被控制的人物。

现在我正在移动另一间房的途中,黑暗中,我隐约看见远处,像星星一样,细微,淡淡的光亮,再仔细一算,这已是最后一间房了。一块石头硌到我的脚,玩家正在苦思冥想,百般无聊中我便将石头朝空中用力一掷,却歪打正着,割掉了控制我的那根线。

眼前忽然跳出一条提示:"最后一间镜子房的游戏规则出现变动,一旦选择错误,真镜子下不再出现房间,人物将会消失。现在游戏掌控权已交到人物手中。"

这难得的主动权在我看来，却是多好的一个休息机会！我直接坐在地上好好放松。不知不觉，我却开始回忆过往，时光倒流回一年前……

曾经，喜欢上钢琴；惊讶于那些黑黑白白的按键，能够组合出如此之多的美妙乐曲。曾经，追钢琴之梦；朝阳陪我弹起第一个音符，月亮伴我等待最后的音的余声消散。曾经，经历过挫折；那一曲曲复杂的五线谱，让我练习千遍万遍还是乱糟糟的杂声。曾经，真正地放弃；琴盖盖上，再也不想抬起，那一层层堆积的，是拭不掉的灰尘。

但那一段追梦之旅，让我无法忘记，那是多么美好的一段时光，尽心尽力守护着自己小小的梦想。我回忆着，怀念着，也后悔着。

星辰大海的征途被传颂至今，无人会去走。别人说这条征途之路走不完，无人会完成。但如果放弃后才能够明白星辰与大海的距离不过只是日月的坚持，我一定想回到从前，继续奋斗。

忽地，便潸然泪下，这些泪水，我也感到流得值得，因为，我找回了初心，找回了真实，找回了自己。

这时我却感到一阵不对劲，所有的镜子中，只有眼前这面中的我没有流泪。擦干泪水，我微微一笑，轻轻一触那面镜子，它缓缓地化作烟雾，消失殆尽，面前出现一条小路，通向光明。

走在小路上，我回忆着这一次通关，改变这个无止之境的机遇，来自那块石头；而游戏成功与失败的界限，是我从前追梦时光与重振的泪水，这样的泪水，是别人模仿不来的，那一面假镜子，自然而然地便显现出来了。

有人在茫茫人海中寻找自己，有人在蒙蒙黑夜中踟蹰前进，有人在漫漫人生中走自己的路。也许这场游戏的奖励对于那个玩家，是终极关卡的无限金币；对于我，却是内心的斗志重燃，青春倥偬，成长固然伴随着头撞南墙，然而刻意造这堵墙却是不必要的，每个人曾经的梦想，都像一只巨手，推倒那些如南墙般的困难。

可能别人怎么也不明白我是如何重新振作起来的，但我会清楚地记住，因为这是一生值得珍藏的回忆，是在无止之境的突破口。

慢递员

重庆市南开小学　夏宁然

今天是乐乐家搬家的日子,一大早妈妈就请了快递员上门,要把打包好的行李发快递。

乐乐目不转睛地看着快递员叔叔麻溜地打包快递、称重量、贴上快递单……快递员叔叔走到哪儿,他就跟到哪儿,简直成了快递员叔叔的小尾巴。趁着妈妈进房间拿钱包,乐乐迟疑地问了一句:"快递员叔叔,这些东西真的很快就能送到外地吗?""当然了,小朋友,我们这个快递公司可是出了名的,保证会以最快的速度帮你把快递送到。"快递员叔叔颇为自豪地说。"那……那有慢递员吗?"乐乐吞吞吐吐地问。"什么,什么慢递员?小朋友,你可真爱开玩笑!"快递员哈哈大笑起来。妈妈走出房间,不以为意地说:"乐乐,可别耽误快递员叔叔的时间。"妈妈付好了钱,乐乐眼睁睁看着快递员叔叔离开了。

门铃又响了,这次上门的,是给乐乐家送外卖的外卖员。妈妈在忙着打包行李,乐乐接过了外卖。"好的,祝您用餐愉快。"外卖员叔叔转身要走,乐乐却一伸手拦下了他。"叔叔，请问你是慢递员吗？"外卖员叔叔笑了："小朋友，干我们这行的哪能是慢递呀，得快递，要不你们就吃不上饭，该着急了。""叔叔，请问你认识慢递员吗？"乐乐急得快要流泪了。"小朋友，你不是开玩笑的吧，我可从来没听说过慢递员，叔叔赶着送外卖呢！"外卖员叔叔转身离开了。

　　妈妈觉得乐乐非常奇怪，于是问他："乐乐，为什么你老是在找什么慢递员？""妈妈，我们就要搬家了，我也要转学了，可是因为疫情，学校没有开学，我也不能够去和同学们、老师们说再见。我想现在给老师和同学们发个慢递，等开学了，慢递员叔叔能把我的告别发给他们。"乐乐拿着自己写的信和照片，着急地解释着。妈妈明白了乐乐的心思，她一把搂过乐乐："放心吧乐乐，会有慢递员把信和照片送给老师和同学们的！"

　　乐乐笑了，他仿佛看见了慢递员叔叔帮他投递邮件，守护友谊的情形。

时钟之门

桐乡市振东小学 吴润宸

1. 时钟

一个平常的早晨,一面钟突然毫无征兆地变得破旧起来。它的外壳以肉眼可见的速度逐渐变成碎片。然而,指针却没有一丝破旧感,甚至不受影响地继续自顾自地走着。而我们所不知道的却是时间正在一年一年地变化,直到数字变得无迹可寻,它才停止转动。随之而来的是突兀的一声叮咚,钟被瞬间吸进了墙里面,碎片也随之不翼而飞了。

这时,墙壁的另一边突然出现了几个仿生机器人。它们一直把头转来转去,时不时发出奇怪的声音,再看看它们行走的路线,好像马上要走过来了。

对眼前发生的一切还不能适应的我,终于意识到了异样,仔细地看了看四周,终于发现墙上竟然有个孔,地上还有一根似乎与洞的大小可以匹配的木棍。我快速起身并拾起木棍，试着把它插进了孔里，看来我的臆测是对的，木棍真的是一把钥匙。一瞬间，墙就露出了一扇能容纳我通行的小门，我轻轻地碰一下门，门就开了。这时，忽然一股强大的力量袭来，我被头顶上正对着的那块天花板吸了进去……

2. 地面

（1）第一台机器

陷入一片黑暗，正在我不知道如何是好的时候，我被天花板吐了出来。我看了看四周，有些陌生，发现这儿竟是户外，周围堆砌着许多大小不一的水泥块。看来此处曾有许多建筑物，后来被毁掉了。

我又朝四周看了看，发现边上有一辆停了好长时间的奇怪的交通工具，上面落满了厚厚的一层灰，像是被遗弃了。正当我试图走近去好好观察时，突然，那辆交通工具激烈地抖动了几下，之后在它的后面吐出了一袋水泥，并且向前移动并吸入那些水泥块，不一会儿再把它们变成粉末状的水泥吐出来。渐渐地，周围的水泥块都被清理干净了，那台机器就把水泥吸入后仓，移动到这片区域的边缘，用它不知道什么时候制作的水泥砖铺成小路，然后就钻入地下不见了。我目瞪口呆地看着眼前发生的一切。

但令我更为惊奇的事情还在后面。

(2) 第二台机器

忽然，一台奇形怪状的机器不知从哪儿冒了出来，在这片被整理好的土地上开始自发地工作了。我试图去找寻驾驶员，但一无所获。只见那台机器熟练地劳动着，它开始快速地挖坑并将一些种子撒在土里，掩埋好之后同时还细致地罩上黑色的罩子。

正当我好奇那些是什么种子的时候，谁知道它一边种那些种子就开始顶起罩子，以让人难以置信的速度生长着。它们抽枝、发芽，有些甚至还开花了。顷刻之间，四周便长满了郁郁葱葱的树木，又逐渐变成了一片绿色的森林海洋，树下面还有各种各样鲜艳欲滴的鲜花。

这时，不知从哪儿飞来的鸟儿用树枝在树上筑起了巢，一边还欢乐地唱着歌。也不知从哪儿飞来的蜜蜂在忙着采蜜，蝴蝶高兴地翩翩起舞。原本堆满了建筑物料的土地瞬间成了一个大花园，空气变得香甜，远处好像传来了更多动物到来的声响。

不过我还没来得及欣赏，就又被树木吸了进去……

3. 住宅

当我再次睁开眼睛时,眼前突然出现了一栋奇怪的房子。为什么说它奇怪呢,因为它跟我看到过的房子都不一样。它明明是幢房子却只有一个人可以进入的大小,而且才一层,简直比厕所还小。它引发了我的好奇心,我大胆地走了进去,然后我发现太阳辐射的光芒开始在我眼前消失,房子似乎正在消失于地平线,正在我不知所措的时候,忽然一盏白炽灯给了我光明,它用光芒给予我温暖的同时让我有了重新打量房子的勇气。原来只要人走进房子,房子便会下降,再从房子里走出来后就可以进入地下了。

正在我疑惑这栋房子是怎么进入地下的时候,眼前居然出现了一张图纸,上面详细地标注并解释了这栋房子为什么可以被收入地下。原来是有人把房子和电梯装在了一起!真是一个奇妙的构想啊!

我对图纸一向没有兴趣,看了一会儿便不想看了。眼前的一切似乎读懂了我的心思,画面渐渐成了碎片。

4. 博物馆

碎片有的成了墙壁,有的变成了书本,不过再仔细看看，发现这儿虽然大多是图书馆里的东西，但书的四周却用五光十色的光点显示出了许多关于那本书的资料。忽然想起妈妈以前带我去图书馆找书，总要一本一本地翻阅，这样可方便多了，我只要看看那些光点就能找寻到我喜欢的阅读内容，再也不用浪费时间了。

我怀着巨大的好奇慢慢地往前走了一会儿，四处看了看，终于被一本书吸引住了，停在它的面前。那本书上画着我之前在那间屋子里看见的那种机器人。正当我想仔细地看一下，找寻到更多的内容时，离这本书最近的墙上的木板突然往里移了一点，变成了几片很薄的板，然后就不见了，似乎怕被我发现什么大不了的秘密。

这时，那个突然出现的洞里露出了一个流线形的物体。并且快速地分成两半，吐出了一缕缕烟雾。不一会儿的工夫，烟雾就把我团团包围了，等烟雾一点点散去之后，我发现自己已经置身在另一个房间里了。看了看四周，发现我在一个奇怪的实验室里。那里面竟然有一个人，这是我被吸进来之后第一次看到人，我想喊他，可我发现自己根本发不出声音，而他也似乎意识不到我的存在，只见他穿着和这间实验室一样奇怪的白色防护服，正在熟练地操作一台机器。机器上有一个粗壮的机械臂，机械臂上是一个滴管状的东西，机械臂下是一条传送带，传送带上是一个未完工的机器。可还没等我看清，又有一阵烟雾袭来，将我包围。等烟雾再次散去，我到了一个更奇怪的实验室中。也有一个人在一台和实验室一样更奇怪的机器上忙碌着，我知道他肯定也跟刚才那个人一样看不到我，于是我的注意力只放在了那些机器上。再看那条传送带上的机器已成人形，那台制造这个人形机器的机器正在用比人的皮肤更像人的皮肤的橡胶，把它包起来。不一会儿，机器人的大部分部件完工了。于是，那台机器用一个罩子把机器人包起来，就把事先做好的"五官"装了上去。再把有散热功能的假发装了上去，并把那个罩子去掉。此刻，它就站在我的对面，我似乎都能感受到它正在呼吸，我欲伸手去摸，突然，又有一阵烟雾把我包围了……

5. 纸

这时，我发现我被吸进了那天我来时待的屋子，我看见桌上有一张破旧的纸。我碰了一下，纸就变新了起来，而纸上的破洞也渐渐消失不见了。但上面却出现了很多年份和日期，9100年、9099年、9098年……2100年、2099年、2098年、2097年、2096年……2031年、2030年……2021年、2020年12月29日……

突然，桌上出现了一个钟，不过它和别的钟可不一样，上面写了准确的日期，且一大格里有二十四个小格，小格里又有小格。我看着上面的时针、分针、秒针正在快速地飞驰，唯一不同的是，它们是逆时针旋转的。终于，上面的日期变成了今天，我也回到了现在。

忽然有人拍了拍，我抬起头，妈妈眼里抑制不住笑意："想什么呢？喝个牛奶都能睡过去啊，上学就要迟到了！"只觉得她的手往我的嘴角轻轻抹了一把，传来她手上那熟悉的温热。

我抬头看一眼墙上的时针，它正有条不紊地走着，毫无破旧之感。

我们好像在哪儿见过

武汉市关谷第三小学　李伊彤

"你是……我的Pluto吗?"

那一晚,流星粲然,微风正起。

冥王星失去了卡戎,卡戎陪伴着冥王星。

1

"好,今天介绍一下新来的同学:冥妄。"

向景东的皮鞋有节奏地踩着地板,一进来就宣布了一个爆炸性消息。

大家望向老向旁边跟着的一个男生,议论纷纷。

冥妄　头灰白的头发,穿着整齐的英伦风校服,冷冽的眼风,只让人觉得这是一个叛逆又乖巧的男生。

底下同学叽叽喳喳,只有卡戎一声不吭地埋头在桌子上写写画画。

向景东皱了皱眉,拿出教尺使劲拍了下桌子,摆出了班主任的威严:

"安静！整个年级十二个班就咱们班最吵！也就是年级第一才没给你们处分！要不是因为我……"

趁着向景东讲话期间，冥妄移步到教室过道，径自走向卡戎旁边。

卡戎旁边坐着的，是一个戴眼镜的小女孩，扎着两根麻花辫，不施任何粉黛，中分刘海下是一双害羞的杏眼，是个学霸。

"请让一下座，谢谢。"

冥妄没有多留意对方，直接将女孩的书本移到旁边的空位，自顾自坐了下去。

听到动静的卡戎，往自己旁边瞥了瞥，看着自己原本单纯可爱的女同桌成了一个乖乖男，还是个染了发的"乖乖男"？

暗自咒骂了老向一声，索性直接停下了画笔，倒在了桌子上。

卡戎在班里的存在感好像一直很低，没有人在意她说什么干什么，所以无论她怎样都没人说。

可悲吗？可是这些好像都是她应得的。

"好，接下来我们有请冥妄同学进……"讲台上，老向的教训已经结束，刚准备叫冥妄介绍介绍他自己，转身却发现身后空无一人，慌里慌张到教室门口张望起来："哎——冥妄同学？你在吗？"

卡戎望了望老师的背影，再看看旁边新同桌一脸平淡的模样，"估计是不会说了……"无奈地举了手，对着门外走廊的老师吼了一嗓子："老师——冥妄同学已经找到座位了！"

看着向景东尴尬地回班，卡戎眨了眨精致的桃花眼，又继续低头写写画画。

"哎，你真要和那个女魔头做同桌啊？"

冥妄感到背后有人戳自己，回头望了望，是一个扎着马尾的同学，埋着头拿着铅笔头戳自己。

"女魔头是？"

李潇宁也没想到真有男的敢和卡戎做同桌，一脸不可思议地抬头，正撞上卡戎的回眸。

眼神瘆得李潇宁默默埋下头，小声回答："就是你旁边的，卡戎。"

听到这个回答，冥妄转回头，淡淡地嗯了一声，李潇宁没想到他是这副反应，连忙拉住冥妄，小心翼翼和冥妄谈起卡戎。

"坐在你旁边那个女的，是一个怪人，平时不说话，只知道拿着个本子写写画画，没人看得懂她在画什么，有些人还在后面小树林看到她一个人单挑十个男生……"

冥妄默默抽开了手，心里缓缓嘀咕了一句：

"神经病。"

卡戎的笔，画得更快。

2

接下来的每周每天，隔壁师姐师妹都听说了八年级十班转来了一位神颜少年，纷纷慕名前来观赏这绝美一棵草，导致班外班内被围个水泄不通，这让不喜欢人多的卡戎心里把自己同桌骂了个千遍万遍。

甚至有几次差点破坏自己的绘画本，那桌子上桌布都要被抓坏了，课间去厕所一趟再回来连座位都看不到……

要不是她最后忍无可忍告到老师那里，恐怕再过几天两张桌子骨得散架。

"你……在干吗？"

一向无言的冥妄突然凑到了卡戎旁边，盯着卡戎写写画画的手，打断了卡戎的思绪。

卡戎停了笔，揉了揉眼睛，瞄了讲课的老师一眼，还是不敢相信，一脸蒙："你……会说话？"

"嗯。"

卡戎把声音压得最小，连忙和对方解释道："我在画稿子，就是服装设计稿，这是我的画本……"

"你很喜欢？"

"那当然，我的梦想是做一名服装设计师，所以我现在在画一些设计稿,有时候也会给自己做衣服,什么lo裙、汉服、格裙什么的我都会做……你看,我现在这一身就是我自己做的。"

阳光照在卡戎身上,为她镀了一层金边,她在发光。

卡戎声音越说越大,她只有在说起自己喜欢的东西时眼里才会有星星。

3

转眼已经一个月,一中的月考刚结束,就迎来了家长会。

向景东刚进十班教室,就看见了卡戎和冥妄两人,两个小孩插在一堆大人中间,显得格格不入。

卡戎还是一贯低着头、拿着笔写写画画,冥妄还是慵懒地趴在桌子上,一直到家长老师陆陆续续都到齐,向景东的家长会才算真正开始。

讲台上,向景东公式化的语言听得卡戎心烦意乱,无意识地乱画,等回过神时设计稿已经一团糟。卡戎只好停了笔,拿出一个草稿本,一字一顿写下几个大字,递给了旁边的冥妄:

"没家长?"

看到卡戎递过来的本子,冥妄找出了笔,二人就这样在家长会上有一搭没一搭地聊着。

"有。"

奇怪,那怎么没人给他开家长会?

"怎么没参加?"

"难道去找太阳?"

卡戎一脸蒙地想着对方怎么爆粗口,倒是旁边的冥妄,十分平静,没有一丝波澜。

"嗯。"

卡戎在本子上写下最后一个字后,便把草稿本收到抽屉里,又拿出了画本继续画画。

冥妄的脸色,却有些难看。

"怎么?"

卡戎注意到冥妄不对劲的面色,蒙蒙细汗爬上额头。

"头疼?"

冥妄没有张嘴,只是轻嗯一声。在家长会开完的一瞬间,卡戎拉着冥妄去了学校医务室。

"喂,你去干吗?"

突然被拉走的冥妄感觉自己像狗一样被拖去医务室,连忙站起来扯住往前面走的卡戎。

卡戎回头愣了愣,又沉默地转过头。

"嗯,没多大事了,吃点药就行了,多注意休息……"

听到校医说没什么大碍,卡戎内心松了口气,又头也不回地回班，只剩冥妄一个人在医务室。

这是冥妄第一次被人带着看病，但对卡戎而言，已经数不清多少次带着家人去医院，换来的只是一纸"死亡通知书"。

4

卡戎在房间里，长舒一口气，打开了自己的日记本。

我叫卡戎，我的名字很奇怪，但这都源于一个传说。

听奶奶说，传说，每隔十几年，那个曾被除名九大行星的冥王星，都会化身为人类，在人间寻找一位陪伴他们度过浩瀚宇宙的朋友、亲人、爱人。

而那些人都有一个共同的名字——卡戎。

我总是不相信这个传说，因为我从未见过冥王星，也从未见过卡戎。

我想做卡戎。

我不擅长说话，在学校上课不敢举手回答问题，下课不敢和别人交流，学校里和班上有不少关于我的传言。

实验课伤人是因为对方说我没父母；小树林打群架是因为那些人欺负我同桌；上课骂哭老师是因为那个老师暗地里勒索学生……

　　除了我同桌的小女孩儿和向景东，没有人愿意和我说话。

　　这样也好，清静。

　　但，最近新来的同学很奇怪。成绩和我不相上下，身上有一个星球图案的文身；明明板板正正穿着校服，却将头发染成灰白；明明一直沉默寡言，却总想和我聊天。

　　他会提醒我注意休息，会陪我玩幼稚的游戏，这一个月以来，他陪我干了很多事，这个同桌并不比我差，我总感觉以前，我们在哪儿见过。

　　他是第三个在一中愿意和我说话的人。

缓缓写下最后一句，卡戈关掉了房间里最后一盏小灯。
黑夜吞噬了她，紧紧握住的被子是她唯一的守候。
漫长的夜，只有冥妄亮着灯。
怀中黑猫舔了下冥妄的手，长长地喵呜了一声。
冥妄回过神，转身望向窗外，一个人影悬浮在空中。
指尖隔着玻璃触碰，他听到了他在说什么。

5

他只有一个月的时间了。

它在吞噬他的记忆。

他需要下一个载体。

门外的人越过玻璃墙,和他扭打在一起,他们需要抢夺彼此的意识。

原先怀里的黑猫,娴熟地开了门,逃离了现场。

有节奏的喵呜声在楼栋的长廊回响,只剩无尽的虚无。

隔天回到学校,他求了她一件事。

"多交些朋友。"

那时,风停了,夕阳红透了半边天,夏日蝉鸣吹过眼睑,我们走走停停,只为错过。

好像从那天过后,卡戎有了很多朋友,冥妄不是唯一一个陪她玩闹的人,冥妄还是那个让所有女生一见倾心的男神,卡戎已经是学生会会长。

一个月时间好像过得很快,除了冥妄越来越冷漠,好像没什么不一样。

只是,太阳小了。

6

"十班有人晕倒了!"

大嘴巴徐英最先在学校传开这个消息,还在上体育课的十班学生,彻底炸了锅,疯了般奔向班级。

"哎,留在教室的除了冥妄,还有谁啊?"

人群中有人最先提出疑惑,剩下所有人都开始思考这个问题。

"不会就是他吧?"

"哎呀,管那么多干吗,先跑啊!"

"我这不还是担心吗……"

在十班同学赶到时,教室已空无一人。

7

"这是你想要看的星空吗?"

冥妄转动着轮椅,望向前方,是深深无尽的海岸,月亮高挂天空,银色的星星闪烁,照着细软的沙砾,萤火虫在丛间飞翔。

卡戎就这样静静看着,一切显得温暖而又宁静。

一只黑猫打破了这份宁静,熟练地跳到冥妄的怀中。

回头看，他逐渐消失在她的眼中。

一份医学报告呈在卡戎的面前，宁静的海边，只有她和那只猫。

他好像从这个世界消失了。

最后一句话，他说：

"我们在天上见过。"

8

Pluto，冥王星，是太阳系中离太阳最遥远的星星。几乎没有阳光能够穿越五十九亿公里的旅程找到他，有颗同力矮行星叫作卡戎，Charon。他们的距离只有地球和月球距离的五分之一，她一直陪着冥王星走着这一段冷清的旅程……

卡戎把猫留在岸边，自己一步一步走向大海。

"现在，换我来守护你。"

9

每一个Pluto，都有他的Charon。

每一个冥王星，都有他的卡戎。

「小学组·三等奖」

后羿之箭

吉林市延安路小学　崔美兮

当天边才染了朝霞，当沙场还未腾起尘烟，我的生命早已交付——我的战马，那青黑的箭。

昨夜，冷月照着荒野，帐下人寂马歇。寒光下一个士兵，抚着箭袋哀鸣：

"恨不学更赢由基，纵空弦亦能杀敌！"

刹那间呼啸划破，冥冥中利箭几多。为首者锋鸣不止，箭尾白髦历历耸峙：

"勇士啊，请携我杀敌！我的主人由基，空弦可哭白猿。猿毛系身在此，命我由基之箭。"

勇士惊喜未已，另有一箭高语：

"这勇士，请佩我擒贼！我的主人更赢，虚发即下鸿雁。鹄羽随饰于身，命我更赢之箭。"

勇士惊喜难料，一箭雄雄又道：

"请视李广、熊渠之箭！顽石亦可为崩，金镞可是铁证。"

众箭争执不休，谁当神箭头筹。勇士不禁发问：

"何不同赴九州？"

众箭道："常人得一亦难，岂可尽入囊端。"

勇士正自思索，忽见隐隐之间，有箭黑白二支。

"请教二位是何人之箭？"

一箭缓缓答言：

"我是纪昌之箭，术道臻于至境。修得体白心清，久免身动弦惊。"

一箭苍苍回应：

"当那太古之年，天有金乌十患。一士射堕其九，八箭亦焚乌有。余我焦残只身，我是后羿之箭。"

霎时天光冲破了黑暗，营中吹角声促连连。战士已昂首马上，奔赴这光荣的一战——

"骏马啊，岂能伏枥太久？黑箭啊，何怀累伤之忧？你看这千载万世之后，独那射日的壮士不朽。"

"勇士啊！"黑箭铮铮，"你似羿之再世，吾当今日重生。铅刀犹思一割，唯图报君一射！"

是战鼓擂响在天边，是天边烧红着火焰。我早把生命交付——我的战马，那青黑的箭。

国色天香

哈尔滨市宾县第二小学　肖文昱涵

　　是谁说旧戏文已泛黄,我却当作是国色天香。

　　　　　　　　　　　——序

一

　　一条窄窄的小胡同内,两个女孩蜷缩着瑟瑟发抖。面前几个混混正拿着棍子抽着她们。女孩的脸已经青一块紫一块的了,可混混们仍不收手。

　　忽然,一个黑衣身影闪了过来,两个女孩还没反应过来,那人便三下五除二地把混混打跑了。他扶起两个孩子,责怪地问:"怎么回事?"眉眼间,是深深的担心。

　　孩子们哭了:"呜,我们是两个小戏子,无父无母,平时就是一起在街边唱戏赚钱,可今天倒好,钱被人抢了,还让人打了!"

　　黑衣人叹了口气:"孩子,我有一个戏班子,不然我把你俩领进去吧,我教你们唱戏也好有个地方住。"

两个女孩激动地对视一眼，双双跪下磕头，感谢师父大恩大德，师父笑笑扶了她俩起来："告诉我你们的名字好吗？"

稍高点的孩子说："余蔻华。"

有梨涡的女孩一笑："柳芳薇。"

师父点头："叶九龙，叶师父，以后你们就是叶家戏班的弟子了！"叶师父笑着拍拍二人的胳膊，二人这才看清他的面容：国字脸，眼神很亮，显得神采奕奕。看得出来，他是个温和又正直的人。她们又哭了，可这次是感恩的泪，幸福的泪！

二

从此余蔻华、柳芳薇二人便在叶家戏班住下了。她俩和十几个学戏的孩子一起，每天早上五点到空旷处练嗓，午饭后吊嗓子，还要去校场练上两个小时的身段，晚上还要念戏本。

寒冷的冬天，小学徒们踩着高跷样的特制戏靴，在光滑的冰面上跑着圆场，一不小心就会跌倒，还要留神叶师父的鞭子。叶师父教戏很卖力，眼神中总闪着奇异的光，似乎比他们更在意这些练身段、吊嗓子的功课。

"叶师父一定很爱戏，我那天看见他在书房里爱怜地抚摸着戏本子,笑得很温柔。"余蔻华对柳芳薇这么说。

柳芳薇思忖良久道:"师父爱戏,我们也要爱戏。师父以后看到我们成角儿了,他也一定会高兴的吧。"

三

自那之后,两个孩子是越发地刻苦,师父留的功课,别人做一份,她俩做两份;别人练一个小时,她俩练两个小时。尤其是余蔻华,半夜三更时,大家都睡了,她仍然在林子里练身段。日复一日,她终于不负众望地成了叶师父的得意门生,戏班里最优秀的弟子。有时师父跑一些演出,都会带着她。余蔻华看着师父在戏台上水袖轻舞,那光彩照人、国色天香的样子,能带着所有观众因他哭而哭,因他笑而笑。余蔻华总是看着自己的双手,希望自己有一天也能成为和师父一样优秀的角儿。

一天,叶师父把正在练功的弟子们都叫到身边,和蔼地说:"来!问你们一个问题,你们为什么来学戏?"大家面面相觑,没一个人答得上来。余蔻华想了想:"因为⋯⋯我想成角儿,我想成为和师父一样声名远扬的角儿!"

"为什么要成角儿呢?"叶师父问。

"⋯⋯"她答不上来了。

叶师父笑着叹了口气:"你们知道吗?我们唱的戏,

上千年前老祖宗就唱过了，一代一代唱到了咱这儿。唱、念、做、打，生、旦、净、丑，一招一式，一颦一笑，这都是老祖宗传承千年的。这是奇迹啊！咱们要做的就是守护好这一份光耀、这一份奇迹。我爱戏，就像……不，胜过我的生命！"说完，叶师父沉默了，弟子们也沉默了。良久，他起身回房，转身时依稀有颗泪珠从眼角滑落。

四

就这样一年一年地过着，几年之后，余蔻华与柳芳薇从两个小小的姑娘出落成了清秀灵动的少女。她们的戏唱得更好了，余蔻华唱戏时绕梁三日，柳芳薇唱戏时一声起百鸟飞。

叶师父也变了，皱纹不知何时爬满了他的眼角，头上竟生出些许白发，身体也变得不大好，夜里时常能听到他阵阵的咳嗽声。可是当他把戏袍一穿、戏妆一化的时候，他就像变了一个人，站在台上仍然是那样地威风凛凛、光彩夺目。

有的时候余蔻华还会去一些小型的演出，每当她穿上戏袍，别人帮她描眉戴花的时候，她总会想起儿时的那一番誓言。"再过个几年，我是不是就要成角儿了？"她这么想着。

一个黄昏,余蔻华去晾晒戏服,望着那满满的蟒、靠、帔、褶竟有两百多件!在这五彩斑斓的世界中,她不禁又回想起儿时师父说过的那番关于"守护"的话,她这时才慢慢回味过来那番话的意味,不觉热泪盈眶。

想得正出神,忽听柳芳薇传来一声:"蔻华!"她转头看见柳芳薇满脸泪痕,手指向师父的房间,"师父……师父他……病倒了!"余蔻华一听,抬腿就向那里跑,刀子一般的风在她脸上划着,流下的泪水被风吹干。

五

房间里,叶九龙躺在床上,面容憔悴,和平时红光满面的样子大不一样。旁边叶家戏班的弟子们跪成一排,个个都成了泪人。

"师父!"余蔻华一走到他的床边就跪了下去。

叶师父抬起头看着这些初长成的少年,千言万语涌到了嘴边,可他一句话也说不出。

他吃力地张开了嘴:"守……戏……唱……!"霎时,他的眼睛中亮起了一束火,似乎还想说什么,可那团火却悄悄地灭了下去。

窗外,风雨大作;窗内,一片哭号。

弟子们个个悲恸欲绝,齐齐地对着师父磕了三个响头。

柳芳薇抱着师父的胳膊,忽然她感觉到有什么异样,连忙撩起师父的袖子,所有人都倒吸了一口凉气。皮肤上赫然刺着两个黑色的大字:守戏。

她又把另一只胳膊的袖子撩起来,看见上面也刺着两个大字:传承。

余蔻华定定地望着,没有说话,紧紧地咬着嘴唇,直到上面冒出了一颗血珠。

六

许多年后,国家大剧院。

余蔻华在后台的梳妆镜前坐着,微微听到观众席上的议论。

"听说这次请到了余蔻华女士……"

"是啊,我还是专程来听她唱戏的呢……"

……

余蔻华叹了口气,望着梳妆台上沾了松烟的眉笔,微微失神。

现在的她,如愿以偿地成了角儿,只是师父再也没有机会看到了。

师父,您在那边还好吗?我真的成角儿了,现在声名远扬。

我们没有忘掉戏曲,她现在是国粹了,所有人都在守护她、传承她。

师父,这盛世如您所愿!

……

"表演者余蔻华,大家掌声欢迎!"

主持人优雅的声音落幕,她整了整头冠,随着如雷的掌声缓缓上台。

二胡起,水袖扬。

手中折扇,是师父留给她的,带在了身边数十年,上百场演出,近千个剧目……时刻提醒着她不要忘了自己的使命。

金灿灿的扇面上赫然题着四个大字:国色天香。

守护

北京市明远教育书院实验小学望花路校区　黎思伽

你尚在人间时
我试图忽视你的存在
我讨厌你，甚至厌恶你
那时年轻气盛、满心浮草的我，蔑视一切
那时的我，刚刚体会到人性的险恶
我的心情在马里亚纳海沟中漫步
我的心情十分无奈，它一个人在黑暗中叹息
我试图劝说我的心情，平静地告诉它，你已经不在了
我后悔
我自责
我思念
我坐在你的墓前，感到万分无助
在你的墓前，种植下了一簇簇的蔷薇
生前的你常劝说我，一切都会好起来的
你在默默地守护着我
你将一切的苦都藏进了自己的房间

从未告诉过我

我是爱你的,非常非常爱你

就像你对我也满怀深沉的爱

这,我以前从未意识到

每每吃完饭,我总是径直回到自己的房间

倘若我有一次,哪怕是一次

从我房间的门口向外张望

就会看到一个熟悉却又陌生的身影

在默默地,甚至是无私地收拾残局

那驼着的背

齐肩的短发

无不使人眼中流下一条条小溪

没能在你生前

让自己明白,并告诉你,也让你从我口中明白

自己对你的爱

我追悔莫及

不过,我相信,你是知道的

虽不是从我口中知道的

我敬爱的母亲

对不起

《守株待兔》故事新编

玉溪市红塔区大营街中心小学　朱瑞淇

自从农夫在一个树桩前发现一只撞死的兔子后,他就每天守在那个树桩前等待着兔子来撞死。他也不种地了,地里长满了草。

有一天,一个商贩迷路了,他看见农夫,就过去问他:"请问,你知道怎么走出这个村子吗?我要去城里。"农夫盯着树桩一动不动,也不说话,商贩又问了一次:"请问,你知道走出这里的路吗?"农夫头也不抬地说:"你别打扰我捉兔子,快走开。"商贩左看看右看看地说:"这里没有兔子呀?"农夫又说:"去年,我亲眼看见一只兔子撞死在这个树桩上,那只兔子好肥啊!我吃了好几天,所以我就一直在这里等待着兔子的到来。"商贩哈哈大笑说:"你看这里只有这一个树桩,你可以多种一些树,兔子撞死的概率就会更大了。"农夫听了觉得很有道理。

第二天,农夫就去集市上买了好多的小树苗。他先锄草,再挖坑,最后把小树苗种进坑里。就这样,农夫每天到田里锄草、浇水……一天天,小树苗在成长,几年过去了,这里的树长得又高又壮,长成了一片森林。

农夫发现仍然没有兔子来撞死。农夫觉得商贩骗了他,就很生气地准备去找他。就在这时,商贩来了。农夫生气地说:"我正要去找你呢,你自己就来了,我的树都长这么大了,为什么还是没有一只兔子来撞死,你这骗子。"商贩又哈哈大笑说:"虽然你没有得到兔子,但是你收获了一片森林呀!你卖了树,可以买很多只兔子。"农夫顿时恍然大悟道:"谢谢啊!你真是我的贵人,我明白了。"接着,商贩又说:"你可以把你的树卖给我,我会给你很多的钱。"

农夫把树卖给了商贩,成了远近闻名的种树大王。从此,农夫每年都在种树,他成了村子里的首富。

星光

深圳市龙岗区振新学校　游嘉颖

总有一种温暖的东西浇在心头。那是万家灯火，是韶华万千，更是不灭星光。

仿佛生来只为守护这几方心田里纷纷扬扬的点点星光，彷徨过，失败过，悲观过，但这星光始终暖着，倔强又执着，久久不灭。

星光并不是一时而成。小小的、温柔的光芒汇聚，如若一双无形的大手将破碎的光揉在了一起。这小小星辰，需要的能量却惊人。

它需要梦想的守护与加持。那是一颗名为理想的种子，生根发芽而又从不畏惧，它便成了梦想。而梦想又需要追逐的保驾护航，那是努力与汗水堆积起的高墙，保护着也鼓励着，直到葱郁小树长成参天大树，树叶沙沙作响，随风摇曳。

它得到坎坷的滋润与引导。那是一把锋利却相当柔情的刃，一遍遍轻轻磨平这星辰的棱角。星光柔和绚烂，星辰冷硬刺目，这把利刃轻柔地把点点星光带离一帆风顺的征途，却也造就了另一种程度的成功。

它汲取着持之以恒的力量。那也许只是一只蚂蚁——微不足道的。但它无时无刻不告诉着它，不要停，也不能停。即便日复一日发光发亮枯燥且乏味，但有一天你会吃惊地发现，你所守护着的那抹星光，早已有了恒久不变的绚烂光彩。

那时你会轻轻"啊"一声，然后微微笑着看自己一直守护着的光已经能与璀璨银河比肩，与星辰大海同往，甚至散出更甚的光芒。

我们为这不灭星光披荆斩棘，所向披靡。而它终会划破夜空，拥抱更加灿烂的破晓之际。

守护书香

临沂市沂南县第一小学　董九祥

在我的心里,始终守护着那缕浸润心灵的书香,它催开了闪光的心灵之花。

二年级时,"语文学习丛书"进入了我的学习生活,第一次打开散溢着清淡墨香的丛书,我的精神世界从一个狭小的空间飘升到了广阔的天地,幼小的心灵就像一株萌芽的幼苗,每天的阅读化作一粒粒甘甜的露珠滋润着我。渐渐地,阅读成为一种习惯,在没有书读的时候心灵的幼苗会因为文字阳光的照射不到而显现枯萎。

三年级暑假的一天,随妈妈去乡下的姥姥家。尽管玩得高兴,可我的心里总是感到空空落落的,最喜欢的饭菜也没能提起我的胃口,老是催促妈妈快点回家。姥姥和妈妈注意到我的反常,还以为我哪里不舒服。在妈妈再三的追问下,我才不好意思地向妈妈透露了实情,今天走得匆忙忘记了带一本每天必读的书。妈妈舒出了一口气,佯装着生气,说:"一天不读书怎么了?又不当饭又不当水的,回去补上不就行了。"可我就是坚持当天回家,妈妈使用了各种方法也没能说服我在姥姥家住上一夜。下午回到家，我迫不及待地扎进了书的世界里，空落了一天的心才充实起来。

对我而言，读书就像是在春天的草地上漫步，灿烂的阳光温暖着我，芬芳的花香陶醉着我，柔和的春风抚慰着我；读书更像是在秋天的田野里耕耘，采摘着一串串美丽的童话，收获着一个个饱满的故事。就是这一个个正能量的故事在我的心中留下了深深的烙印，书中的美德印证到了现实生活里。

我的爷爷因病从2016年的冬天到2018年的春天长期卧床不起，一般的孩子都可能嫌弃卧床的老人，而我从来没有嫌弃过爷爷，星期天和节假日，都会跑到爷爷的床前，陪爷爷说说话，拿一块湿毛巾为爷爷擦擦脸，按摩一下爷爷的手脚，有时一勺一勺地喂爷爷吃饭。姑姑表扬并提出奖励我时，我说："孝顺老人怎么能要奖励哟！"姑姑问我："是不是爸爸教育你这样做的？"我认真地想了想说："是书上这样教我的。"这让姑姑大为惊讶，感慨地说："看来还真需要去多读读书啊！"

我的阅读习惯是每天下午放学后的固定的一小时，读书的习惯与家庭有着千丝万缕的关系。阅读时间，需要一个安静的氛围，家中的电视、电脑关机，手机也要调到静音，然后就是爸爸和我一起阅读，一起静心荡舟于书海。

一个小时的轻松阅读后,爸爸会和我相互交流一下读书心得,互相讲一个书中有趣的小故事,或是相互欣赏一段书中精美的段落。

从我拿起书的那一天就从老师和家长那里明白了读书的道理,不要为了读书而读书,这会流于形式,收获不到应有的效果。自觉地养成读书的习惯,让读书真正成为学习生活中不可或缺的一部分,真正体验到读书的乐趣,这样花开的声音才在心间绽放。

什么是花开的声音呢?读书读到深处就会花开心间。读着读着不但有花开的声音,还有味道的,就像初夏盛开的槐花,清甜淡香。我在一篇作文中这样写道:"故乡的山上有一片槐林,槐花像一串串的风铃,摇出喷喷的香来,让清风捎到角角落落去了。"如果书读少了,肯定不会写出这样的句子的。每天读书时我还坚持摘抄书中的好词语好语句,日积月累,潜移默化中作文能力就提升了。

守护书香就是守护心灵的美丽。

一根鸡毛

榆林市靖边县第十五小学　王艺涵

那是一个寒冷刺骨的早晨,冷清清的孤儿院门前,有一个头发枯黄、脸上挂着泪痕、手里拿着一根鸡毛的男孩。这个小男孩焦急地望着孤儿院门前马路的左右两边,似乎在等待着什么。

原来,他在等待着他的母亲,同样也在等待着一个十年的约定。

十年前,孤儿院门前的台阶上坐着这个小孩儿和他年轻的母亲,小孩哭泣着,结结巴巴地问他的母亲:"妈妈,您为什么丢下我一个人?"母亲抬起颤抖的手,抚摸了一下孩子的头,故作坚强地说:"傻孩子,妈妈什么时候要丢下你了?妈妈只是要去一个很远的地方,暂时不能带上你。相信妈妈,十年后妈妈一定会回来找你,带你去那个遥远的地方玩耍。但是你要答应妈妈,在此之前千万不要乱跑,好好学习,听院长爷爷的话,乖乖地在这里等妈妈来接你,好不好?"听了母亲的话,小男孩渐渐停止了哭泣,微微颔首。这时,他发现母亲的头上不知什么时候沾了一根鸡毛,便一伸手从妈妈头上拿下了鸡毛,捏在手里对母亲说:"妈妈,十年后,我拿着这根鸡毛,在这里等你。"

男孩的母亲缓缓地站了起来,眼里噙满了泪花,迈着沉重的步伐向远处走去,走了几步,回过头深情地看了一眼自己的孩子。她多么想陪伴自己的孩子一块长大,但是……

小男孩看着母亲的背影一点点缩小,小男孩儿再次哭了起来,院长爷爷从孤儿院里出来,含着泪,牵着他的手,走了回去。

时间就如流水一般哗啦啦地流向远方。一转眼,十年就过去了,当年的小男孩,已经长成了小小的男子汉。这十年的时间,他常常期望着这个美好的约定。

他孤零零地坐在孤儿院门前,看着手里的那根鸡毛,无声地啜泣了起来。他明白,母亲永远不会回来了。

有趣的一课——画鼻子

晋中市顺城街小学　马跃凯

今天下午两点,我来到了学校。老师在黑板上画了一个人脸却没有画鼻子,有个同学提醒道:"老师你没有画鼻子。"老师说:"没错,我们今天就是要大家给这个人脸画上鼻子。"

老师话音刚落,一个声音打断了大家的对话:"老师,我会画,让我画吧!"这个一直喊的人就是黄树峰。老师就把他叫了上去,给他蒙了一件衣服,接着又让他在原地转了几圈。开始画了,奇怪的是黄树峰能准确地把鼻子画到脸的中间,我们都很惊讶。老师说:"哎呀!是不是能看见?"有个同学试了一下说道:"他那件衣服上有个洞,能看见。"老师试了一下,结果真的能看见,怪不得他能直接画到正确的位置呢。老师又给黄树峰蒙了一件新的衣服,说:"这下应该看不见了。"果然黄树峰把鼻子画到了人脸的耳朵上,同学们都被他逗得哈哈大笑。

黄树峰画鼻子的经过告诉我们一个道理:没有目标,盲目做事是做不好的。

接着是李宇豪上来画鼻子了。老师说:"这次请一个同学给李宇豪当指挥,看他能不能画好。"并规定指挥人提醒次数不能超过十次。我们都想去当指挥。老师看了看,最后还是决定让黄树峰当指挥。李宇豪开始画了,黄树峰说:"靠左一些,再靠右一些,对了,停,靠上,靠下,停,再靠下一点,靠左一点。好,画吧!"李宇豪果然在人脸的中间画了一个鼻子,不过就是画得有点儿小。

李宇豪和黄树峰的成功配合,告诉我们一个道理:团结就是力量。

老师又把刘梓轩叫了上来,老师说:"这次谁来指挥?"没想到刘梓轩自豪地说:"我不用指挥,我自己能画好。"老师说:"好,那就画吧!"刘梓轩被老师蒙住双眼转了三圈。刘梓轩开始找黑板了,但是他却朝着反方向走去,同学们立刻喊起来:"走错了,这边是课桌。"刘梓轩听到后马上改变方向,结果还是把鼻子画在了人脸右边的耳朵上,逗得人家哄堂大笑起来。

刘梓轩绘画失败,告诉我们:看事容易,做事难啊,实践出真知。

老师又把宋昱洁叫了上来。老师说:"这次我来指挥你!"老师让她转几圈,说:"向右三十厘米。"于是,宋昱洁就向右大约挪了三十厘米。老师又说:"向上十厘米,再向上二厘米。再向左三厘米,向上一厘米……好,画吧!"宋昱洁马上就在脸的正中间画了一个大大的鼻子。

宋昱洁能画得好,是老师用列数字的方法指挥得好,这说明"没有规矩,不成方圆""差之毫厘,谬以千里"的道理。

这一课真有趣呀!同学们在欢声笑语中懂得了许多做事的道理。

老周和他的渔网

黔西南州义龙新区德卧中心小学　周颖

靠山吃山，靠海吃海。颖儿的祖父老周一根筋地就认准这个理。

在老周心里，唯一眷恋的，是故乡的那一湾绿水，山里人称海，外乡人习惯称它白水河海子，也叫八光海子。

老周和他老伴，老两口仍居住在那栋老屋里。老屋子的房梁上，一张木船、两块桨，有一网，那网，像白色蚊纱帐，与电影银幕一般大小，上面布满了灰尘、蜘蛛网。颖儿常来到老屋，静静地站在堂屋中央，抬起头，望着那船、那网、那桨，愣着，出奇地、努力地想，祖父老周用网捕鱼的模样。

老周告诉颖儿，他总是在月明星稀的晚上，带上罾网，轻轻地摇着小船，悄无声息，驶出故乡的小码头。

来到湖中心地带的一座小岛。老周泊好船，用两根稍细弹性好的竹竿，架起个十字架，十字架两头用绳索系紧网的四只角，再用一根稍粗的竹竿，和一根绳子配合来控制网的升降和摆动。它就成了一种捕鱼的工具，人们叫它罾网。

那时，老周就是一位老练渔夫，朝网里撒下些鱼料，每隔一会儿，老周一只手要狠劲儿地慢慢扳起竹竿，另一只手拽着罾绳，那网就慢慢地先浮出水面，出水的罾网仿佛一朵白云，那些小鱼儿就在白云里头翻筋斗。这时，老周心里非常满足。

黎明的唇咬破夜的星空，家乡老幼，刚从睡梦中醒来时，老周头戴斗笠，披着蓑衣，摇着小船，迎着朝霞，满载而归。

老周的大半生，守望着那故乡那片海子，用他那勤劳的双手，年复一年，日复一日，用罾网扳鱼，扳出一家人的温饱，扳出了儿女走出大山的希望，扳出了故乡一道独特的风景，也扳出了故乡游子心中最美的乡愁。

遇见未来

北京市朝阳区星河实验学校国美分校　边雨婷

静坐桌前,窗外的阳光柔柔地洒落下来,抚摸着窗边的绿植,在我的脸上铺下一层温暖,温柔的光氤氲在指尖。就在这恍恍惚惚的时刻,迷蒙席卷而来,一个疑问出现在我的脑海:未来会是什么样呢?我试试去寻找答案。

我用眼睛观察未来。成千上万的汽车,穿梭在空中,散发着各色的光芒。车身上有巨大的翅膀。有的在天空中快乐地飞翔,有的停在半空休息,还有的收起翅膀在地面上快速地奔跑。那城市该多么畅通啊!

我用耳朵聆听未来。我听到未来的森林里一片欢声笑语,形形色色的鸟儿围着小朋友们欢乐地唱歌。"叽叽叽,喳喳喳。"好不热闹。你听"嘀哩哩"那是黄鹂动听的音乐。"咩咩咩"那是小羊热情的问候。"呱呱呱"那是青蛙热烈的掌声。森林里的动物越聚越多,它们仿佛和小朋友们开起了音乐会!动物和人们成为好朋友,那环境该多么美好啊!

我用心感受未来。世界一片祥和。各个国家、各个民族、各种肤色的人们汇集在一起。你一言我一语用不同的语言交流着。在那时,再也没有什么种族歧视,再也没有贫富差距,再也没有战争,在那时人们一切都是平等的,如果未来真的如此和平,那生活该多么幸福啊!

每个人的心中都有一个不同的未来,每个人心中的未来都是美好的。让我们一起努力,向心中的未来出发吧。

「小学组·优秀奖」

"白衣天使"小松鼠

宁波市中原小学　蔡天宵

在地球的东部有一片大森林,森林的大树上住着一群松鼠,他们自由自在、活泼可爱;互相关心、互相帮助,过着幸福、安宁的生活。

在这群松鼠中有一只小松鼠特别漂亮可爱,她的皮毛洁白如雪、晶莹闪亮。桃形的脸上镶嵌着一双乌黑的圆溜溜的眼睛,善解人意。她总是竖着两只聪灵的小耳朵,有着一张粉红色的嘴巴。向上翘着的大尾巴蓬松显眼,像一顶降落伞,显得格外漂亮。她不光外表漂亮惹人喜爱,还心地善良爱帮助别人。大家都尊称她为"白衣天使",和睦快乐地相处在一起。

可是,天有不测风云,有一年春天快要到来之时,森林里的积雪还斑斑点点没有融化,松鼠们刚从冬天醒来,就发生了一场疫情。有好多松鼠不明不白地发烧,四肢乏力,最后拉肚子,感染了一种不明的病毒而死亡。霎时,森林里的松鼠家族一片惊慌,人人自危。"白衣天使"看着伙伴们一个个倒下,心里像刀割一样,万分着急,怎么办呢?

"白衣天使"跑到了年纪最大的松鼠族长爷爷家里，向爷爷问道："爷爷，这次不明病毒厉害，已经死亡了好多兄弟姐妹，你有什么办法救治他们吗？"爷爷脸色凝重，摇了摇头说："小天使啊，爷爷只能对疫情进行控制，但没有办法进行医治。"沉思了一会儿又说，"办法有一个，看你是否有勇气。""白衣天使"立刻回答："为了大家，我不怕！"

族长爷爷抬起头，看向远方，用手一指，说："在这片森林的尽头，有一座大山，山的那边有一个仙女湖，仙女湖边有棵很大很大的大榕树，榕树洞里住着一位姓陈的仙女，听说她能治疗百病。但路途遥远，太危险了，恐怕你到不了啊，孩子别去了。"

"不，我一定要去请仙女。""白衣天使"斩钉截铁地回答。

说完，"白衣天使"离开了爷爷家，没来得及告别家人、带上干粮，就嗖的一下爬上了树顶，利用大尾巴作为降落伞，从树丛间飞越而去。

一路上，"白衣天使"渴了就喝溪水，饿了摘野果吃，不休息不睡觉，摔了三次，不知掉了多少毫毛，爬过了两个悬崖峭壁，翻越了一座高山，凭着一个坚定的信念，凭着一颗大爱之心，凭着一种顽强的意志，历尽千辛万苦，跨越艰难险阻，终于在第三天的傍晚时分，来到了仙女湖畔。

此时的小松鼠已经疲惫不堪，为了礼貌，为了让仙女对她有个好的印象，她走到湖边向水中一照，啊！大吃一惊，美丽的"白衣天使"不见了，水中显现的是一只"丑小鸭"。她赶紧洗了一把脸，梳理了一下毛发，整理了大尾巴，才起身寻找族长爷爷说的大榕树。

天色渐渐暗下来了，弯弯的月亮悄悄地爬上了树梢，湖边的蛙叫声此起彼伏，各种奇花异草芬芳扑鼻，孔雀和白鹭在自由地嬉戏飞翔。她没有心情欣赏眼前的景色，着急地寻找着目标。这时有一只小蜜蜂飞过来，说："小松鼠你好！欢迎来到仙女湖。"当得知小松鼠是找仙女时，小蜜蜂热情地做向导，把小松鼠带到了大榕树下。小松鼠说声"谢谢！"小蜜蜂就唱着歌儿离开了。

小松鼠来到了榕树洞口敲响了大门，仙女姐姐打开了门，热情地把小松鼠迎进了客厅，倒了一杯香茶，说："小松鼠，你叫白衣天使吧，真漂亮。沿途劳累了，先喝点茶提提神。"仙女刚说完，只见小松鼠"扑通"一下跪在了地上，大呼"仙女姐姐救命"。

仙女赶忙一把扶起了"白衣天使"，说："不要这样，起来说，你的来意我已经知道了。""白衣天使"坐下后，泪流满面地向仙女姐姐诉说了森林里发生的疫情，恳请仙女救救患病的同伴。

仙女严肃地说："救命是我应该做的事，但恐怕你得吃苦。""白衣天使"听后一怔，可是，她想到伙伴们正面临死亡的危险，坚定地说："我能接受一切痛苦，甚至献出生命！"

仙女看"白衣天使"态度坚决，眼里多了几分赞许，然后她说："你们的许多伙伴在春节里一定是吃了有毒的花蘑菇，被一种冠状病毒感染得病。我前几天刚研制出疫苗，但剂量多少需要在你身上试试，可能会有痛苦或危险。""白衣天使"毫不畏惧，直接举起了手臂，说："来吧！"仙女拿起针筒给小松鼠注射了一针。

一小时后，"白衣天使"浑身发热，四肢抽搐，在痛苦中昏睡了过去。仙女焦急地守护在她的身旁，直到第二天早晨，"白衣天使"才醒过来，仙女这才松了一口气，说："你很幸运，我知道剂量了。"

仙女姐姐整理好药箱，带上了足够的疫苗，穿上了防护服，并给"白衣天使"也戴上了口罩。即刻驾起了祥云，飞上了天空，带着"白衣天使"，向森林那边飞驰而去。

到了森林，仙女给患病的松鼠们进行消毒隔离，注射疫苗，很快治好了松鼠们的病。

从此，"白衣天使"不光是同伴们心中的女神，还是大家心目中的英雄，松鼠家族又过上了幸福、安宁、自由的生活。

偶遇园林工人

厦门市莲龙小学　陈宸

"毕竟西湖六月中，风光不与四时同。接天莲叶无穷碧，映日荷花别样红。"看着那一池的荷叶，我心里不知为什么闪过这首诗，这样好的风景实在怡人。妈妈拿着手机拍呀拍，爸爸呢，却踩过小石块填好的小径跳跃着，到了池塘中间的一小块平地上。我呢，在研究着那些荷花，它们并不相同呀，不能否认，如果不是那些插在旁边的木牌，我实在不知道原来荷花还有这么多品种呢。

粉红的、浅黄的、雪白的，在微风中轻轻地摇曳着身姿，如美丽少女般翩然起舞……就在我还在遐想时，忽然天气大变。原本今天早上出门时是阴天，妈妈还很高兴，因为没有太阳，在这样的天气出门赏花无疑是令人喜欢的。可是，没有想到此刻乌云飘了过来，一大团接着一大团，拿着手机拍照的妈妈马上察觉光线不对劲儿，立刻喊我们找地方躲雨。但是骤雨来得实在太快了，我们还没来得及躲进亭子里，雨就猝不及防地从天空倾倒了下来。

我和妈妈举着伞一步一步艰难地走着，可淘气的风，像一个力大无穷的战士，硬把我们的伞往另一边拽。我和妈妈跟跟跄跄地来到了一个小亭子里。一到亭子，我把手中的伞抖了抖，又甩了甩头上的雨珠，妈妈又帮我擦了擦身上的雨水。亭子边的那栏杆上有一串红、粉、白的龙吐珠，"白间红花绿中树，婷婷袅袅细丝缠。"龙吐珠边还有一缕一缕的蒜香藤从架子中垂下来，在雨中显得十分娇艳。我坐在亭子里，看着不远处的湖面，真是"大珠小珠落玉盘"啊！一只白鹭飞过，我的视线被带到了另一边，我忽然看见了两个橘黄色的身影。

我转过身问妈妈："妈妈，为什么这些环卫工人在砍树呀？"妈妈笑着说："这些不是环卫工人，是园林工人在修剪树木！"我很好奇是什么能让他们在下雨的时候还坚持工作。就在这时，一个园林工人居然走进亭子里。他正在用对讲机讲着什么。我仔细一听，明白了：原来有一棵树快要倒了，他们正在把树上面的树枝砍掉一些，保住主干。

这个工人很快就走了。而不远处，那两个园林工人还在雨中干活。我极其不耐烦地待在亭子里，看了看正给爸爸打电话的妈妈，又看了看天上那下个不停的雨，然后皱起眉头，心想：这个雨下个不停，我们什么时候才能回去呀，园子也逛不成。

但这时，汽车声引起了我的注意。一辆小货车停在离亭子不远的地方，紧接着，我看见刚才在湖边砍树的园林工人朝这边看了一眼，然后两个工人开始抬树枝了，他们一前一后抬着树枝，往汽车那边走去。后面那一个工人用右手扶着树枝，左手却放在自己的腰上。前面那个工人却是用双手扶着树枝。我正奇怪他们俩姿势怎么不同呢？这时听到汽车前座门打开了，司机走下车，朝后面那个工人喊了句："老黄，你这腰又闪了吧？"只见那个老黄点了点头，却并没有停下脚步。司机快步走过去接过老黄抬在肩上的树枝。

我看见那些雨点打在三个园林工人的身上、头上，雨水顺着头盔往他们脸上流去，我那一刹那好希望雨点儿快点停呀！说时迟，那时快，真是太奇妙了！雨居然说停就停。

夏天的天气果然是孩子的脸，说变就变。我看见那辆汽车开走了，而老黄和他的同事又回到了树下……

我和妈妈看到爸爸从不远处的亭子走了过来，原来他刚才躲进了另一个亭子。此刻，雨停了，他才来寻我们，我们一家三口就趁着这阵雨停歇的时刻，向园门走去，一路上，那花瓣上、枝叶上、草丛中的雨珠都闪烁着光芒，我竟想起了老黄，还有他的同事们，他们仿佛也闪着光芒……

最朴实的守护

广州市黄埔区怡园小学　陈梓然

最近我总听毛不易演唱的《一荤一素》。这首歌真是唱到我的心里去了。

这首歌里藏着这样一段过去：从前的毛不易虽然和妈妈交流不多，但妈妈的爱都在行动中不动声色地流露出来。妈妈每天变着花样给他搭配营养餐，一荤一素，就算她后来得了癌症也一如既往，因为她说："毛毛还没有成家，他还没有家，我就要陪他，给他一个家。"

每每听到这首歌，我都不禁想起了我和妈妈……

我妈自然也十分爱我，六年级的我也像以前的毛不易，有几分叛逆，时常和妈妈拌嘴。我们之间最多的争吵要数我吃午饭这件事了。

因为妈妈上班远，中午不回家，懒病上身的我就常常不按时吃午饭，这让妈妈非常抓狂，因为她觉得现阶段的我长身体最需要营养了。所以，即便是在疫情这个特殊时期，妈妈也经常争取出去买菜，为的就是让我吃到她亲自选材的营养又健康的"妈妈牌家常菜"。土豆炖鸡腿、南瓜炒肉末、玉米排骨汤……妈妈可以做到一个星期不重样！别看她现在这么会做饭，以前的她可是连煎个鸡蛋都会被烫伤的人。这几年，为了我，她苦练厨艺，把黑暗料理都变成了五星佳肴，这一切，都只是源于一位母亲最朴实的爱。但之前，没心没肺的我常对妈妈做的菜肴指指点点，各种不满，现在想来真是后悔。

如今，因为疫情长假在家的我，竟也不知不觉从妈妈那里学来了好手艺。从前，是妈妈急着赶着下班为我做饭，现在，妈妈下班回家就有饭吃。妈妈欣慰我的改变，我也自豪我的成长。

听着锅铲的碰撞声和菜肴下锅的"嗞嗞"声交织成的"厨房交响曲"，看着妈妈吃到菜后幸福而又满足的笑容，我想，我做的菜不一定真的那么美味，但是妈妈看到了我的成长和真挚的心意。父母的爱，就是那么地无私又纯朴，我的内心也燃起了一种别样的温暖和幸福。我付出了爱，也收获了爱。

翻动的锅铲，从妈妈手中到了我的手中，变的是做饭的人，不变的是那份对家人的守护，对家人的爱。妈妈用她朴实的方式守护着我，现在轮到我来守护妈妈了。

"一张小方桌，有一荤一素，一个身影从容地忙忙碌碌……"

手工阿胶糕

厦门五缘第二实验学校　蔡林凇

"啊哈，真是应了那句话——挫折是通向成功的门槛。"我长长地呼出了一口气，因为我终于将最后一锅阿胶糕做好了。

初夏时节，妈妈开始制作手工阿胶糕，因为妈妈是医护人员，懂得一些养生知识，并且妈妈做的阿胶糕——物美价廉，许多人都喜欢来买，妈妈的生意十分红火。

但是，妈妈还要上班，并且还要照顾妹妹，根本忙不过来，虽然没有人来催促妈妈快点儿交货，但是妈妈一直在念叨着，说很不好意思让大家一直等。我听见了，想到自己正在放暑假，照顾妹妹也没有办法像妈妈那么精细，所以我犹豫再三之后，还是决定帮妈妈做阿胶糕。

听到我的想法，妈妈的第一反应是：不好！阿胶糕的品质十分重要，如果让我做，万一做坏了呢？但妹妹的哭声，提醒了妈妈，她真的是有点儿顾不过来了。她犹豫良久，然后同意了。但前提是，她在一边教导我做法，并且监督我，务必每个步骤都做到位。

一开始，妈妈只让我把红枣剪成两半，我本以为是件十分简单的事，后来我才发现，剪红枣并不是那么简单，看上去虽然只有小小一盘，但是竟有五六十个，我还清晰地记得，剪完的时候，我的两只手仿佛已经不是自己的了，都快没有知觉了……

紧接着，妈妈又让我多了一项任务——煮阿胶。我按照说明书将阿胶和黄酒倒入锅中，本以为一次就会轻轻松松地煮好了，可是结果总是不尽如人意。第一次搅拌没有到位，阿胶一整块一整块地粘在锅上，这一锅全作废了。我看了，十分沮丧。好在妈妈并没有责备我，只是依旧用她那经常挂在脸上的笑容安慰我，又鼓励我说："任何一个现象，都是一门无尽的学问，深钻进去，都可能成为一个专家。"第二次黄酒倒得太多了，酒味实在是太重了，我自己都快要被熏得晕倒了。第三次，火候没有把控好，我开得太旺了，阿胶都被烧煳了，焦味到现在还没有散去呢。看着我一次又一次的失败，我自己都快要崩溃了。妈妈见了过来安慰我说："没有关系，这几锅的阿胶，只是看上去会难看一点罢了，影响一点口味没有关系，我们自己还能当零食吃呢，哪怕不能吃了，就当是交学费了，后面就慢慢学会了嘛！"听了妈妈的话，我心里才好受了些。

我又重新开始煮一锅阿胶。这回，我决定静下心来。

步骤，全都默记了一遍。然后边在脑中回忆着，边认真地观察着锅里的变化。我十分小心，生怕再出一点差错，我缓慢地将阿胶片和黄酒倒入锅中，用木铲子搅拌，然后等看到小泡泡在锅中轻快地跳跃时，我才将火转到中火，这时，我并不敢放松，依旧不停地搅拌，以避免再次粘锅，造成烧焦。最后，关火后，我还再次搅拌好几圈，让这些材料充分融合。其实，这一段时间里，妈妈是抱着两岁不到的妹妹，站在我的一边，认真地观看，但并未发出一言。这次的成功，让我信心倍增。

就这样，每次在空闲的时间，我便练习如何煮阿胶，慢慢地我找出了其中的技巧：煮阿胶的时候一定要静下心来，并且要一丝不苟，一边煮阿胶一边看书就不要想了，听音乐可以，但是不可以听会让人静不下心来的，要听一些柔和的音乐，自从发现这个技巧，再加上我最近的练习，我终于如愿以偿了。妈妈呢，也不用再在一边监督我了。现在每一次做阿胶糕的时候，都是我来煮阿胶，上一次妈妈的师父来我们家做客，当时我们刚好在制作最后一锅阿胶糕，妈妈的师父就一起来看我们做，然后师父发现了我煮好的阿胶，她仔细地看了看，闻了闻，之后，赞不绝口，说："这锅阿胶煮得很好，很用功！"我听了，心中偷笑，毕竟这可是我自己练了两个月的成果！

渐渐地，妈妈又教了我许多新技能，现在我一个人已经可以胜任制作阿胶糕的许多工作了，比如称重、压糕、切糕、包装、贮存……妈妈的师父曾经告诉我，她已经在研究更好的制作阿胶糕的方法了。她的话让我明白了——学无止境。

为守护人类而读书

马鞍山市雨山区九村小学　李青选

小时候,我不知道为什么读书,总觉得读书是一件很辛苦的事,老想着去看电视、吃零食、玩玩具。爸爸常说:"不读书,就没有好工作,没有成就。"妈妈也常唠叨:"不好好读书,将来连饭都吃不饱!"我那时只觉得他们烦,并不明白其中的道理。

渐渐地,我长大了,看到毛主席立志读书写的诗:"孩儿立志出乡关,学不成名誓不还。"还有周总理"为中华之崛起而读书"的故事。我被他们的志向所感动,渐渐地懂得了读书的重要性。知识让人懂得了担当,让人明白了自己的责任。没有知识,什么事也办不成,没有文化,就不能为祖国和人民做贡献。

去年寒假,我看了电影《流浪地球》。在这部电影里,太阳即将毁灭,人类被迫迁往比邻星,在漫长的旅途中,人类历经危险和困难,最终成功。我一直都对天文怀有极大的兴趣,看了电影,我被深深地震撼了。那一刻,有一个念头在我脑海中滋生:"我要刻苦学习,为守护人类而努力!"

地球只是茫茫宇宙中的一叶孤舟,太阳是地球的一百三十万倍,而目前发现最大的恒星"盾牌座UY"是太阳的四十五亿倍。地球那么渺小,却是生命的方舟,是我们赖以生存的家园。可是随着地球环境的不断恶化,海啸、赤潮、厄尔尼诺、臭氧损耗,还有太阳的不断老化,也许不久之后,我们就会失去家园。人类的未来在哪里?人类的未来怎么办?

我努力地去找答案。我看天文报纸,查阅《天文百科》《宇宙知识》,订阅《天文爱好者》,甚至学习了大学里的《天文学》教材。我在一本书上看到,土星的卫星"泰坦"上可能适合人类居住,我高兴极了,以为自己为人类找到了未来的家园,这就实现了守护人类的第一步。但是,最新的研究结果证明,那里并不适合人类居住,我失望极了,觉得努力都白费了,学习没有用。爸爸说:"不是知识没有用,而是你的知识太少,你还是一个小学生,只有先学好基础知识,才有可能学好物理和天文知识。"我明白了,知识就像翅膀,只有有力的翅膀,才能托着梦想飞翔。只有努力学习,才能像牛顿和爱因斯坦一样,真正地探索神秘的宇宙,才有可能为人类找到一片永久的家园,才能真正实现守护人类的伟大理想。

以梦为马,不负韶华。我要刻苦学习,汲取知识的力量,为人类寻找新的栖息地,让人类的家园永远美好,让人类的族群永远传承!

母爱伴我成长

厦门市湖里中心小学　罗雩桐

印象中很多的第一次都是在妈妈陪伴下进行的,特别深刻的是第一次坐过山车,那是八岁时和妈妈在珠海长隆坐鹦鹉过山车。忘不了是因为那是我坐过的最高的过山车,还更因为那是妈妈陪着我一起坐的过山车。

一进珠海长隆的大门,阵阵的尖叫声便引起了我的注意。我顺着声音寻去,便看到了在空中盘旋俯冲的鹦鹉过山车,这高度至少也有三四层楼高吧!听着阵阵喊叫声,看着过山车上的游客一个个吓得面如土色,自己心里也有几分颤抖。

我看向妈妈,她也跟我一样,注视着那轨道崎岖的过山车。突然她对我说:"咱们去坐过山车怎么样?"虽然我的内心是拒绝的,但是看起来也挺刺激,妈妈诚恳地"邀请",我便顺着木质楼梯来到了候"车"台,与妈妈坐上了过山车。

过山车缓缓启动了,滑轮与轨道的摩擦声十分刺耳。我后悔了!这么高!还这么快!

过山车慢慢地爬到了最高点时，我更是不知所措，呆呆地坐在座位上。在最高点停了一秒，便迅速下滑，顺着轨道冲了下去，在绿色的轨道上左弯右绕。

风呼呼地"打"到我脸上。四周的景物一闪而过，似乎只是一个幻影，却又真真实实从我身边呼啸而过。耳边忽然传来熟悉的声音："不要怕！大声喊出来！"

"啊——我要飞出去了！"我扯开嗓子，大声叫喊。

不知过了多久，过山车终于停了……

下过山车时，妈妈脸色苍白，整个人似乎晕乎乎的，走路步子也不平稳。看来妈妈并不是那么享受这趟惊险之旅。我疑惑不已：妈妈好像都不想坐过山车，可她为什么还要提议一起去坐呢？

后来我才得知，妈妈是为了让我变得更勇敢，克服身体不适，陪我去坐过山车。妈妈，谢谢您！感谢您一路上用爱伴我成长！

雨中推车

厦门市湖里区高殿中心小学　施子键

"砰砰砰！"硕大的雨点从天而降，无情地打在车顶。即使雨再大，也不会浇灭我去吃大餐的心情。

这一天，由于我考了一个好成绩，妈妈决定带我去吃大餐，于是我们就上了妈妈的车，我开心地坐在副驾驶位置上，塞上耳机，耳朵里听着悠闲的音乐开心极了，但是车没开出去多久。天空就下起了大雨，即便如此，我们也风雨无阻，我想：等一下要吃什么呢？牛排？意大利面？烤肉？都吃吧，哈哈，难得妈妈请吃大餐。我美美地想着。

突然车子停住了，我以为到了餐厅，正准备下车时，我看了一眼窗外：不对呀，这里哪是餐厅呀，这不就是在立交桥下面吗？又没有餐厅，为什么要停在这儿？难不成是车坏了？我好奇地问妈妈："为什么要在这儿停下来呀？是不是车子坏了？"妈妈指了指前面的车说："你自己看看吧。"

虽然雨刮器一直在刮着，但我透过玻璃也可以清晰地看见前面的车停住了，有两个穿着雨衣的交警在帮助推车。不用猜都知道，前面的车肯定坏了，这时，一条闪电突如其来地劈了下来，路旁的花儿被吓到了，变得蔫蔫的。我看着这两个交警使出全身的力气才推出一点点，我们开着车跟在后面，这两个交警淋着大雨还在推车，他们可真尽职尽责啊，他们两个双手放在后备厢上，而双脚死死地踩在地面上，仿佛要把地面给踩出四个大坑一样。

慢慢地，前面的车忽然像被赋予了力量一样，又可以启动了，这时，我们看见那两个交警走到前面那辆车的车窗边，跟司机交谈着，我看见那个车子的司机紧紧握住警察的手，嘴巴在动着，仿佛在说："谢谢你们，真的真的太感谢了！"一会儿，这条路便恢复了原来的样子。

这时候，雨居然停了，不一会儿天边出现了一道彩虹——变得炫目，不同的花儿也精神抖擞，在风中摇曳着，刚才落在花瓣上、草叶上的雨珠也四处分散，如一粒粒珍珠般，从那晶莹的光点中，我仿佛又看见雨中那推车的背影。

守护的魔力

苏州市相城区珍珠湖小学　王诗涵

守护,

你有无边的法力。

有多少人被你所感动,

至今仍把爱传播?

守护,

你是强大的力量。

有多少人,

为你而大增勇气?

守护,

你像一棵参天大树,

又如无际的夜空。

在多少个夜晚无声奉献?

啊,

你是谁?

你在哪儿?

是否还存于人们的心田?

是否离我们很遥远,
又是否在我们身边?
是否无影无踪,
又是否随处可见?
守护啊!
请张开你温暖的双臂,
浇灌人们干枯的心田。
我期待一片生机的到来……

守护

哈尔滨市宾县第三小学　吴烁琳

守护对于我来说可能很重要，也可能不重要，我一直一直都在想到底我该去守护什么，我总是感觉什么都无所谓，但却还总是想保护点什么，留下点什么，但却又不知道他是什么，是实是虚……

天总是蓝的，那云总是白的，晚上总是黑的，白天总是亮的。树总是绿的，风总是让人捉摸不定的，小城总是冷清的，都市总是热闹的，一年总是那几天，总有四季，春天总是充满生机的，夏天总是闷热的，秋天总是金色的，冬天总是寒冷的，可能我要守护的那个东西是那万古不变的"总是"吧。

时间总是一去不复返的，他带走了多少，可曾留下过什么给我，只会留下那轻巧的痕迹罢了，只留下那思念罢了，只留下那如乱麻一样的思绪，细细地带走了所有，我留下过什么呢？没有，通通没有，我的心总是空的。我多想守护你呀时间，这样你就不会带走一切了，那多好啊！通通都带走了，一点都不剩……

童年，你说你怎么那么可爱呢，怎么那么短暂呢，我还没好好抱抱你，亲亲你呢，你怎么就走了呢，你留下来不好吗？为什么走得那么快呢，你走了以后，他们也都走了，我最爱的狗走了，最爱我的家人走了，我最爱的玩具走了，那些回忆也走了……都怪我，没留住你，你回来，我来守护你好吗？

我的朋友们啊，为什么我们渐行渐远了？我们不再是以前的我们了，大家都变了啊，不在一起玩了，同学们都毕业了，也都走了，只剩几个人还记得我了，可我还记得你们啊，我们是朋友，对吧，但是为什么那么残忍地丢下我一个啊，我不想失去你们的啊，为什么都走那么远了呢，为什么不回头了呢，为什么只剩我了呢，这回换我来守护你呀！

我现在总是很矛盾，白与黑分不清，可能就是个灰色的人吧，黑色的人愿你再也没有了，白色的人你一定要多起来啊，我也多想是一个白色的人啊……

我想守护，你、朋友、亲人、信仰、风、雨、雷、雪，我爱你们，万物、中国、世界，我也多想守护你们啊，可我太渺小，我还追不上你们，等哪天我能追上了，能拥抱你了，我再守护你好吗？

这次换我来守护你！

"为你千千万万遍！"

跨越时空的遇见

杭州市余杭区临平第一小学将军殿校区　张逸璘

我是一名人类宇航员,执行任务到了月球。月球的引力真小,我几乎要飘起来。突然,月球表面出现了一个红红的圈,像是被狠狠地烫到了,不一会儿冒出烟来,出现了个大洞。一只机器手臂伸了出来,慢慢地,一个、两个,好多机器人出来了。我惊呆了,他们也惊呆了——跨越时空的遇见。他们衣服上有火星图案,看来是从火星来的。

我们都没见过彼此,吓得赶紧朝自己的飞船跑。可我的飞船被牢牢地吸住了,他们的飞船竟是磁铁做的!火星机器人也觉得奇怪,喊着莫名其妙的语言,或是求救,或是在说:"他的飞船是铁的!"双方无可奈何,僵持着。后来,他们的飞船飞向宇宙,我的飞船也被带着飞向宇宙。

他们去了水星,那里有成千上万衣服上画着水星的机器人。我想:三十六计,走为上计,可不能被捉住!我悄悄溜出飞船,跑到了一个类似村庄的地方。我立马傻眼了:成千上万的机器人虎视眈眈地望着我。而且因为水土不服,我还吐了。没想到机器人闻到味儿逃得比我都快,都跳上了水星飞行器。

三艘飞船在宇宙中你追我赶，追到了土星。还好土星上没有机器人，不然我真要遭殃。这里有幢类似埃菲尔铁塔的建筑，三艘飞船一起飞进去，顺着庞大的台阶往上冲，冲到顶部时，竟把塔连根拔起了。于是，这座塔变成一架超大的飞行器，毕竟有三艘飞船的推力嘛！

最后我们到了金星上，金星可真够恐怖，如同微波炉般，可机器人不需要呼吸，也不怕有毒气体，他们向我走来。我害怕极了，想驾驶宇宙飞船回地球，却发现飞船没能量了。这可真够危险的。有个机器人进入我的飞船，我吓得连连后退。他像魔鬼般走来，让我心惊肉跳。只见他拿出翻译机，原来竟是场误会，他和我讨论怎么返回母星。他们的飞船也没能量了。

我这里只有一人堆食用油和几根火柴，我绞尽脑汁想办法。突然，一个好主意冒出来：何不用我的飞船送他们？听了我的想法，他们和我一起干起活来，把所有食用油倒进发动舱，点起一把火往里扔。我这飞船的耐热性很好，根本没被烧坏，蒸汽从后面喷了出来，把他们都送回了母星。

可在返程途中，燃料费光了，我也只有一小根火柴，这能推进飞船吗？事实证明，可以。我用火柴点燃一个木桶，把木桶扔进发动舱……我圆满完成调查不明生物的任务，回到了地球。

永远不会忘记你

包头市包钢实验一小　张懿畅

幽灵般的病毒，突然降临
冲淡了新春的欢歌笑语
阻挡了人们的会面、出行、探访
却怎能阻挡得住你坚定的脚步
你，毅然走向与恶魔搏斗的战场

你，心甘情愿地把婚礼推迟
谁知却成为永远的椎心之痛
你，毫不怜惜地剪掉满头秀发
虽然心底也藏着深深的委屈
你，一句"我年轻，我先顶上"
年迈的老人却正在悄悄地擦去眼角的泪水
你，主动申请延迟退休
却把无愧的生命奉献给了一生的梦想

当你，艰难地脱下厚重的防护服

摘下勒出血痕的口罩

当你，拖着疲惫的身体

渴望哪怕是一秒钟的休息

当你，隔着眼罩

把呵护的目光投向重症病人

当你，把宝贵的青春

定格在与死神较量的刹那

我们的热泪和热血啊

分明在汩汩地流淌

你听，春天的脚步声正在临近

你看，那一片片正在放晴的天空

阴灰的日子终将要过去

天使般的你们，却永远大写在天地之上

如同黎明永远感恩黑夜里的星星

生命永远感恩洒满人间的阳光

城堡历险记

如皋市丁堰小学　张宇涵

在遥远的大森林里，住着一个四人冒险小队，分别是辛巴狗、哈米兔、辛尼和肖白白。瞧！他们正向这里走了过来。

哇，好可爱的小狗啊！喊，才不是呢，自大、臭屁、好动、我行我素，才是他的真面目。他奔放、执着、精力过剩，做什么事情都不考虑后果，口号是：以不妥协的态度面对每一天，这就是我们的主人公——辛巴狗。

你听，多么动听的声音呀，是谁在那里唱歌呢？原来是我们美丽善良的文艺女——辛尼。她心灵手巧，做什么都很认真，曾经获得过好多届的森林手工大奖呢。

"哇！""好帅呀！"是谁有这么大的排场，不用想，铁定是高富帅的肖白白。

咦，还有一个，去哪里了呢？辛巴狗无可奈何地说："准是还在家里睡觉吧，走，我们喊他去。"没有错，他就是宅男——哈米兔。

你肯定会问："他们今天为什么会聚在一起呢？"原

来，辛巴狗和哈米兔昨天在小河边捡到一个漂流瓶，打开后，发现里面装着一位公主的求救信，内容如下：发现这封信的勇士，请你救救我，我被困在独眼巨人的城堡里，如果你成功救了我，我将告诉你我们国家宝藏的秘密以及送给你能实现愿望的月光玫瑰。哈米兔看到有这样的好事，当然愿意去救公主了，因为有了钱，他就可以吃好多好吃的美食。辛巴狗当然也愿意了，因为他更喜欢探险。辛巴狗急切地说："哈米兔，我们快点出发吧，救了公主就有宝藏了，还有可以实现愿望的月光玫瑰。"哈米兔却说："辛巴狗，我们不知道巨人城堡在哪里，怎么去？我们还是回去找一下辛尼和肖白白，商量一下如何去城堡救公主，去找宝藏和月光玫瑰。"

辛巴狗、哈米兔、辛尼和肖白白聚在一起，讨论着是否去救公主。肖白白着急地说："听我家的管家说过，独眼巨人的城堡在海上一座小岛上，乘船要过两片海，船我已经准备好了，随时都可以出发。"听了肖白白的话，辛巴狗、哈米兔和辛尼一脸惊讶地望着他，都在想："我们正在讨论是否去救公主，他只比我们多说了两句，就准备好了船，太不可思议了。"但想到能够找到宝藏和得到月光玫瑰，他们异口同声地说："我们去，我们去。"得到了全体成员的同意，辛巴狗立刻把手一挥，说道："既然大家都准备去了，那我们就出发吧。"

穿过了两片海的辛巴狗、哈米兔、辛尼和肖白白，胆战心惊地踏上了巨人岛。刚一进岛，他们便看到了三个独眼巨人，正从森林里来到海边。辛巴狗、哈米兔、辛尼和肖白白本想拔腿就跑，可是那个时候，他们的脚像灌了铅似的，一步也迈不开。三个巨人也发现了他们，走了过来，问道："你们好，请问你们是谁？来巨人岛干什么的？"辛巴狗怕救公主的事泄露，就急忙插嘴道："我们是路过的，看到这里景色很美，就想来看看。"三个巨人见他们没有恶意，就热情地邀请他们去独眼村做客。一路上，辛巴狗总是热情地与巨人搭讪、聊天，了解他们的一些情况，巨人们也毫不厌烦，一一回答他的问题。说着，辛巴狗和他的伙伴们就到了村口，准备进村子。可刚进村子，才坐下来，辛巴狗就迫不及待地问起了巨人城堡的下落。村里的长老知道了他们的来意，也知道他们是为了救公主，就对他们说："我们知道城堡在哪里，现在可惜了，你们来晚了，城堡的守护者在上个月因为误食了瞌睡蘑菇，需要半年才能够醒过来，所以你们进不了城堡。""不会吧，怎么这么巧。"辛巴狗和他的伙伴们异口同声地说道。"长老，还有其他的办法吗？"辛尼问道。长老说："办法倒是有一个，就是你们必须去火之岛找火烈鸟，让他给守护者唱支歌，这样他才能醒过来。"另外，长老还说："火烈鸟们都很喜欢摇滚音乐，你们要想进去找他们，可以打扮成摇滚乐队,这样就很方便。"辛巴狗和他的伙伴们一起说:"谢谢你,长老。"

来到火之岛,长老的办法很奏效,没过多久,他们就和火烈鸟混熟了。找到火烈鸟时,辛巴狗和他的伙伴们发现他的嗓子也已经哑了,说不了话,是因为上周误食了失音蘑菇。辛巴狗他们听到这个,心里顿时凉了半截,但他们不放弃,问火烈鸟有没有其他的办法。火烈鸟告诉他们,只有找到移动岛上的美声果实,才能让他恢复声音。于是,他们告别火烈鸟,又出发去了移动岛。

来到岛屿所在的海域,辛巴狗一伙才发现移动岛原来是一条大鲸鱼。哈米兔见大鲸鱼心情不错,便主动上前问道:"鲸鱼先生,您能给我们一些美声果实吗?"辛巴狗也赶紧附和着:"拜托了,鲸鱼先生,我们是为了救人。"大鲸鱼说道:"不是我小气,这果实我是给她准备的,如果你们能够找到她,我就把美声果实给你们一些。""鲸鱼先生,这个她是谁?"辛巴狗心急地问道。大鲸鱼接着说:"她是一个人鱼,名叫艾利,她的声音是世界上最动听的。二十多年前,我和她大吵了一架,艾利生气了,就离开了我,去了人鱼港,我们到现在也没有见过面。"辛巴狗和他的伙伴们坚定地说:"鲸鱼先生,请您放心,我们一定能把她找回来。"说完,辛巴狗和他的伙伴们便向人鱼港进发了。

没想到，在人鱼港湾附近，辛巴狗的船遇到了风暴，船被打翻了，辛巴狗、哈米兔、辛尼和肖白白都掉到了水里。但通过自己的努力，他们都游到了岸上。在岸边，他们发现远处有一间屋子，就走了过来。来到屋旁，从屋里走出来一个人鱼，他们一看，和大鲸鱼描述的一样，那肯定就是艾利了。辛巴狗和他的伙伴们向艾利转达了大鲸鱼的道歉，并说明了他们所遇到的困难，想让她帮忙。人鱼艾利被感动了，决定跟他们一起回去，帮助他们救人。可是，不幸的是，船被风暴打坏，无法回去了。正当大家着急的时候，心灵手巧的辛尼却说："没有关系，大家不要担心，我们可以把帆布缝起来，做成一个热气球，飘回去。"辛巴狗和他的伙伴们赶紧动手，做了一个大气球，把他们送到了大鲸鱼的身边。大鲸鱼见他们找到了艾利，心里很高兴，把美声果实给了他们一些。接着，辛巴狗和他的伙伴们又乘大气球来到火之岛，把美声果实给了火烈鸟。吃了美声果实，火烈鸟又能说话了，守护者也醒了过来，城堡的大门也打开了。接下来，辛巴狗和他的伙伴们一起克服困难，冲破城堡里许许多多的机关，救出了公主，也得到了月光玫瑰和宝藏。

没过几天，辛巴狗和他的伙伴们又聚在一起，看来新的冒险又要开始了。

三个好朋友的奇幻漂流

佛山市碧桂花城学校　靳梧桐

> 神奇荒诞的传说，
> 跌宕起伏的情节，
> 温暖动人的结局，
> 十岁女孩笔下的，
> 学校、人生、梦想，
> 等你，勇敢的人，
> 来慢慢揭晓。
>
> ——题记

1

从前，有三个小男孩，分别叫小A、小B和小C，他们三个是非常要好的朋友，无论做什么事情，都会在一起。

一天，他们听一个同学说，附近有一个地方的学校非常神奇。每到午夜时分，二楼通往三楼的十三级台阶会变成十四级；四年级的独眼教授，会突然有了两只眼睛；洗手间里水龙头和马桶里的清水呢，会突然变成海水一样的蓝色。

小A、小B和小C，不相信这是真实的故事，所以他们约好，第二天晚上在那个学校前门口集合。

2

第二天晚上，三个好朋友如约准时来到这个学校的门口。

"叮叮叮……"时钟敲了十二下。

他们悄悄地来到二楼，果然发现：二楼通往三楼的台阶由十三级变为十四级；办公室里批改作业的四年级独眼教授，果真有了两只眼睛；教授旁边的那只左眼黄右眼绿的猫咪，突然变为左眼白右眼蓝。

小A、小B、小C心里有些紧张。突然，小C说很想上厕所。

于是小C自己一个人去了男生厕所，小A、小B呢，在外面等着。

但是，小C在厕所里面很久很久都没有出来。

小A、小B等得不耐烦了，就对着厕所大声喊道：

"小C你快点回来，你快点出来呀，我们先走了，你上完厕所自己回家吧！"

说完，小A、小B就走了。

3

第二天，小C整个上午都没有来上课。

老师跟小C的爸爸妈妈打了电话。

小C的爸爸妈妈来到学校，跟老师解释说，小C昨天晚上一整晚都没有回家。

小A、小B听后就把去那所神奇学校的事情全都告诉了老师和小C的爸爸妈妈。于是，小A、小B，老师，还有小C的爸爸妈妈，一起去了这所学校的男生洗手间。

他们在每个洗手间都查了一遍，所有洗手间的水都是清的，但是最后一个洗手间的水是蓝色的。

4

小C到底怎么了？

原来，小C昨天晚上上完厕所之后，正想离开洗手间时，一道光从马桶里照射了出来，然后一阵风把小C吹了进去。

"呜呜呜……"小C在洞里跑啊跑啊，从晚上十二点半一直跑到了早上九点，终于停了下来。

小C定下神来观察，发现自己来到了一间教室，一间废弃的教室。

教室里有讲台、书架，还有一个小房间，但是没有课桌。

小C发现旁边有一张桌子，上面有一个照相机。

小C拿起了照相机，他看到了离窗户最近的一张桌子，上面有个蓝色的玻璃瓶。他碰了一下玻璃瓶，发现玻璃瓶里面出现了一个迷你仙女。

小C拍了一张照，迷你仙女消失了。

小C又跑到书架旁边，发现书架旁边有一个摇篮，摇篮里躺着一个婴儿。

那个婴儿只有一只眼睛，眼珠是蓝色的，脸上也全是蓝色斑点。

小C又拍了一张照片。然后，小C又跑到小房间。

小房间并非放书包的地方，而是一间浴室，浴室里有一个超级大的浴缸。但是，有一个东西在里面，浴帘都拉上了。

小C很好奇，于是就把那个浴帘拉开，发现有一个神兽在洗澡。那个神兽就像刚才发现的那个婴儿的超级放大版。

小C拍了一张照片。可能是小C拍了照片招致神兽生气了。

于是神兽就把小C整个身体都抓起来，并抓了很多伤痕。

小C一直在流血，神兽还是很生气，就把小C的两只眼睛都抓伤了。

小C一瘸一拐地、连滚带爬地逃跑。

爬啊爬啊爬啊，不知道爬到哪儿了，结果突然从阳台上掉了下去，摔到了地上。

5

小A和小B也想体验一下小C的冒险，于是第三天晚上，两人相约一起去那所神奇学校的洗手间。

结果，出现了同样的光，还有同样的风，把小A、小B吹了进去。

小A、小B也到了那间废弃的教室。

他们也看见了窗户，但是没看见旁边的蓝色玻璃瓶；他们看到了书架，也看到了摇篮，但是没看见里面的婴儿；他们到了小房间，发现小房间里面装的却是书包。

小A和小B觉得很奇怪，他们用手机灯光从阳台上面把整个地方都照了一遍，发现原来是一所学校。于是小A和小B走下楼梯。那间教室是在三楼，他们走到一楼，发现了小C，还有旁边的那个照相机。小C，已经离开这个世界了。

6

小Ａ和小Ｂ打开那个照相机，一页一页地翻看。发现小Ｃ，可是蓝色玻璃瓶里面没有迷你仙女；小Ｃ拍的那个摇篮，但是没有婴儿；小Ｃ拍的浴缸和浴帘，但是里面没有神兽。

细心的小Ａ，发现照相机旁边有一瓶沐浴露。他就带着那瓶沐浴露回了家。

当天晚上小Ａ也遇难了。

小Ａ是怎么遇难的呢？

7

原来，小Ａ那天晚上回家后，睡得像一头猪一样沉。

突然，小Ａ带回家的那瓶沐浴露，摇摇晃晃地，像跳舞一样，召唤着什么东西。一会儿，召唤了很多很多各种各样的，粗的细的、长的短的沐浴露。小Ａ被吵醒了，就抱起从神奇学校带回来的沐浴露，跑啊跑啊，来到花园里，挖了一个洞，想把沐浴露埋起来。不知道是小Ａ惹怒了沐浴露，还是沐浴露召唤回来的沐浴露们想除掉小Ａ，总之，所有沐浴露合成一个超级沐浴露，小Ａ被装了进去,并在这个超级沐浴露瓶里窒息而死。

小B见到他的两个好朋友都离开了这个世界,非常悲痛,后来也离开了这个世界。

8

三个好朋友的灵魂在冥界相遇了。

说完各自的遭遇后,大家都很伤心。突然一群灵魂朝一个方向拥去。

小A拦住了一个灵魂,问:"这是怎么回事?"

一个灵魂答道:"他们想转世。"

小A、小B和小C也想转世。

想到自己离开了,爸爸妈妈肯定很伤心。

于是他们也拥过去,把自己的名字写在标签上,丢进盒子里面。

小A、小B和小C很幸运地被灵魂首领抽中了。

他们得到通知,明天下午三点半,他们将去投胎,成为三胞胎,而且成为女的三胞胎。

小A、小B和小C,知道了之后非常开心。

9

果然,她们成了三胞胎,幸福快乐地在一起生活了二十年。

她们大学毕业之后,小A和小B想当教授,小C原本也想当教授,结果意料之外,忽然爱上了一个男孩小D。

于是,小A、小B和小C、小D分别了。小A和小B很顺利地成了一所著名大学——清北大学的教授。她们做教授非常开心,一直做了三十多年。

新的一学年,小A和小B发现班上有一个学生,简直是一个神童。

听说他一出生,就会背几千乘几千等于几百万、几千万,还会算出很多很多大人都不知道的事情。而且,那个神童上课还不停地打瞌睡,但是每一科都考满分。

小A、小B很为那个学生担心。于是,小A和小B想,既然上课不听讲,就可以拿满分,要是上课听讲,他肯定不会拿满分,可能就会变正常了。

于是,小A、小B就逼着那个学生上课认真听讲;如果走神了,就狠狠抽他鞭子。过了两天,那个学生终于上课认真听讲了,每次考试也不考满分了,小A和小B欣慰地舒了一口气。

10

小A和小B平静地做了四十年的教授，开始考虑退休后，晚年做什么好。

不久，她们都进了养老院。

在养老院，小B意外地爱上了一个老头儿。那个老头儿虽然脸上全是皱纹，但是依旧相貌英俊，所以小B和那个老头就结婚啦。小A还做了小B的伴娘。

小B和那个老头结婚之后，才知道，原来那个老头就是小D。

小D让小A和小B想起小C。她们三人已经断绝关系很长时间了。

于是，小A和小B决定寻找小C的下落。

11

可是，寻找了一段时间，小B有点不耐烦了。

她说她想回去陪小D一起共度晚年，所以小A只好独自一人去寻找小C。

小A在寻找小C的流浪过程中，寻找了三年，终于，她想起了那所神奇学校。

她来到那所学校,发现学校与以前大不相同了。

学校大堂的装修显得富丽堂皇,拥满了许多衣着优雅美丽的有气质的学生。

小A叫住一个年轻学生问道:"学校为什么变样了?你们为什么穿得那么好看?"

那个学生说,这一切多亏了我们的校长。

小A找到他们的校长,发现校长即是她们失联多年的好朋友——三胞胎之一的小C。

12

小A讲述了她和小B、小D的遭遇,也解释了为什么小B和小D会结婚。

小C也解释了和小D结婚不久之后吵了架,所以就离婚了。

小A也和小C说了清北大学里那个神童的故事。

小C听后叹了一口气,向小A解释道,那个神童其实是小C这所神奇学校培育出来的最聪明的人才。因为这个学生太聪明了,于是就推荐他去其他好大学学习。

小A听了之后呢,很伤心,原来这么一个难得的人才,就这样被她和小B给毁掉了。

小C听了之后,安慰小A说,不用担心,她还可以培育更多更好的人才。

小A问小C，她和小B是否可以回到神奇学校，和小C一起来教这些学生。

小C答应说好啊，但是小A又有点为难地说，她年龄大了，可能教不了几个孩子，就会离开这个世界了。

小C听后给了小A两颗长生不老药。然后呢，小A吃了之后，又给小B寄回去一颗。

于是小A和小B，还有小C，又幸福快乐地在神奇学校培育了许多真正的、聪明的、优秀的人才，并且永远地在一起……

未来可期，遇见梦想的我

北京市海淀区中关村第四小学　马诺霆

　　我们的未来不是梦，是春天田野里的希望，是夏日艳阳里的太阳，是深秋庄园里的硕果，是冬天风雪里的蜡梅，未来是奇幻美丽的，是充满生机的，就让我从现在做起，把握生活的一点一滴，向着未来的自己大步迈去……

——题记

2020年，少年的我从读书伊始
——读书不觉已春深，一寸光阴一寸金

　　坐在宽敞明亮的教室里，老师说我们是祖国的未来，是祖国的花朵，美好的未来把握在我们手中。我开始畅想未来，那个神秘的、未知的世界，是那么地激动人心，心驰神往。于是，我沉醉于读书不可自拔，在知识的海洋自由遨游，内心的梦想不断茁壮成长。

2040年，而立的我将梦想拥有
——了却君王天下事，赢得生前身后名

生于华夏，大爱中华，我愿意为这片土地奉献炙热忠诚。多年的读书梦成就了我的梦想，成为一名闻名中外的发明家，沉醉于各种奇思妙想，助力人类和自然的和谐生活。

我发明了时光隧道机，站在"时光门"的入口，人们可以选择回到喜欢的时代，去看看侏罗纪世界中的恐龙，去感受大唐盛世的繁华，去认识竹林七贤、唐宋八大家、曹操三父子等文人雅士，美妙至极。我还发明了多功能小汽车，像奥特曼战士一样，通过环境变化进行变身，可以在海陆空多领域活动，为了绿色环保，它利用太阳能自动充电，并配备智能机器驾驶员精准操作，避免人为疲劳等引起的交通事故。

2060年，我为守护大自然而战斗
——海阔凭鱼跃，天高任鸟飞

人类历史上经历了与黑死病、西班牙大流感、鼠疫、SARS、新冠肺炎等大规模流行病的抗争，更加明白了人自然的不平静，从河流到海洋，从高山到峡谷，大自然充满了友好与危机，越发学会了敬畏自然。我将积累的知识分享给更多热爱自然界的学者，一起共建更多绿色环保的发明，像采用纳米技术制造的防火防水功效的房子、时速一万二千公里的飞铁、能够胜任精密微创手术的机器人……

瞧！我的发明多棒啊！我将不断成长，为人类带来更多的便捷，为中华文明的科技变革助力，我相信从现在起，爱读书，爱科学，长大后一定可以完成梦想，建设祖国，让我国实现复兴中华的伟大梦想。

无止之境

哈尔滨市宾县第七小学　付冬杨

如果每个人都有无数个生命,地球将会灭亡,最近真出了这种情况。

这些人把自己封在冰库,他们都是经过一个个梦境才变成人的,要想阻止他们,需要进入梦境才能终止他们的寿命。

这个使命由我来完成,我孤身一人,但我有器灵,当X警官团队告诉我:"这次你很可能看到很多人,甚至奇异的景象,他们会伤害你,你要多加小心。"说完便送给我一个远古神器枪器灵。

带上我的枪器灵,先拿出梦回穿梭器进入第一个将要苏醒的人的梦境,这个人只有一个梦境就要苏醒,我赶紧进去。

这个人是一个小孩儿,当我进去时看到这里全是断舌木偶,原来这是那个孩子的童年阴影,只要我不说话就不会断舌。

我打开手电筒,找到了那个孩子,他正把木偶踩碎,那个孩子在梦里很难看，X警官团队告诉我他们是魂灵，要杀死他们的魂灵，才会回到他们该住的地方，我要试一试枪灵厉不厉害。于是让它变成"人"，这个器灵很厉害，用枪一下子把那个小孩打回该住的地方了。

我退了出来把冰库打开，埋在土里。

打开梦回穿梭器进入另一个梦境。

这也是个小孩儿，不过这次不是童年阴影，而是甜蜜之境，他的甜蜜是铠甲勇士，我说："呵呵，在这里你厉害，可是我有器灵啊，你有吗？"让它快速地跑过去，把一个怪兽打爆了。

这回我用枪灵和剑灵，枪灵变成"人"后，美丽了一点点，剑灵变成"人"后，居然也变得更帅了一些。那个小孩子很开心，看到我们后更开心地说："你们也是怪兽吧，我来喽。"他又换了一种奥特曼，这怎么办呢？我用我仅知道的一点知识："有本事你变银河奥特曼缩小来战！"他说："这就是银河奥特曼，好，我缩小。"好一会儿，我才反应过来，原来他是银河奥特曼呢，好糗啊！

枪灵先射击，用冰龙枪冻住他，从脚一直蔓延到头，然后用火龙枪烧下剑灵，用敌叉刀把他杀了。

当我们出来时，X警官团队说："如果你们再杀一个，就会得到一副幽灵装备，这样你就会飞起来，而且有各种特效。"

我们进入另一个人的梦境中，这是一个读书的梦境。

原来这个人是父母逼他读书的，我觉得让他回去比较好，因为他变成"人"可能又挨打了。

我一个剑灵就能打败他，剑灵用海王叉一下子射中他了，于是他回到了自己的世界。

我果然有了一身装备，X警官团队让我回去做一些事情。

回到基地，他们说："找到办法了。"这个危险似乎又化解了，他们告诉我去找梦境之神。

我们飞到了梦境之神那里，我看到了梦境之神正散步，梦境之神看到我后说："来吧！"我知道这是要对战，我们先准备好战场，于是开始对战。

我先拿出枪灵、剑灵、植灵和炮灵，枪灵负责狙击，剑灵在后面偷袭，植灵用植物守护，炮灵负责炸地！

梦境之神把手伸过来转一下，我的眼睛突然模糊了，一个东西在面前闪来闪去，我跑过去一拳打倒他，却发现这是剑灵，剑灵说："我对你如此忠诚，为何……"话没说完昏了过去，变成一把剑。

我突然感到眩晕，枪灵来到我的面前，说："主人，你怎么了？"没等他说完，我昏了过去。

只剩下枪灵、植灵和炮灵，枪灵还拿出冰冻枪和火焰枪，可是他被梦境之神的梦境困惑，他用枪向四周射去把我冻上了。炮灵加菲炮也没挡住，结果把自己给烧了，植灵用植物挡住了。

　　我的面前突然出现一个像我的人，我的眼睛好像也睁开了，那个人说："只要找到我才能打败他。"我忽然醒了，手吸过来剑和枪，我拿着剑跑过去，说出："等着。"一剑刺入梦境之神的后背。

　　梦境之神说："我已杀了数万人，今天却死在了你的手上。"说完便死了。

　　我用觉醒之语唤醒了剑灵、枪灵和炮灵，剑灵说："主人主人，我回来了。"枪灵说："主人你没有死吗？我可真开心。"炮灵说："主人你活过来啦？我也活过来啦！"

　　阿门！喜极而泣，X警官团队接到消息说："很好，我们立刻把正在冰冻的人埋在土里。但在梦境的人，还得你们去打败。"

　　我们欢呼起来，因为既保护了地球，又能让人们珍惜时间，还得到X警官的赞赏，但是还有几个又要苏醒，我们还得去探索，这个行动也就无休止了。

观察让生活更美好

福州市乌山小学　郑希之

著名艺术家罗丹说过:"这个世界不是缺少美,而是缺少发现美的眼睛。"如果有人问我,什么让生活更美好,我一定会不假思索地回答——观察。

观察,让我发现了生活之美。曾经,我只是一个匆匆的过客,是一个常与美好擦肩而过的人。当我开始学会观察,我才发现,身边处处都是值得被记忆的美。一个夏日午后,小雨刚过,天还热得很,阳光似金子炼出的水,从长空中泼洒到人间。我躲在榕树下,无意间向天空一瞥,心里猛然一惊——云,怎么如此膨胀?蓬松的飞云在淡青的空中缓缓移动,好似被打了气的棉花糖,云朵凑在一起,成了无瑕的白,并不刺眼,只叫人舒服。低头看,积水坑里恰好映着云曼妙的身姿,水坑,变白了,像化作雪水的小块冰沙。榕树的梢尖上,不时滴落雨珠,一滴,白云便笑嘻嘻地颤动,继而变化。是观察,令我在疲倦的热气中,发现了绮丽轻盈的云。

观察,让我能够放松自我,驱散怠念。早晨起床,害怕被子外的冷空气，缩着不愿出来，可抬眼与窗外那轮初升的红日一个对视，身体便仿佛注入了神奇的能量，利索地起了床。走在上学的路上，晨风轻轻拂过我的脸，落叶在我身边跳跃、旋转，秋虫在杂草间叫唤着，老大爷悠闲地在公园里转悠，小孩子攥着棒棒糖蹦跶，猫狗慵懒地趴在草边。是观察，把我从繁忙的学业中拉出来，令我能放松下来，静心体验生活。

观察，让我明白了生命的道理。我留心注意着身边的一切，一天又一天，去探索着生命的真谛。看着门前的狗牙花开了落、落了开，这不正是生命轮回吗？望着点燃的蜡烛，我想，人的生命不就像一根蜡，出生被点燃，随着年龄增长，烛光逐渐微弱，直至熄灭。只不过有的人尽管已逝去，却能令光明永存人间。是观察，使我开始珍惜生命，用最饱满的精神度过每一天。

观察如同一把钥匙，打开了我的心窗；观察，让我的生活更美好。

「初中组·一等奖」

守护

信阳市第九中学　张淇

一

舅舅的书法师承一位隐于山林的老先生，而梓轩的书法师承舅舅。

梓轩一直认为舅舅的毛笔字拿出来与任何一位当代的名家相比，都毫不逊色。因为别人的字里只有章法与结构，舅舅的字却倾注了信仰与热爱。人常言字如其人，不错的，电视机里的书法家们个个西装革履，头发溜光得恨不得能滑倒苍蝇，但就像一张薄纸，令人一眼看穿；而舅舅仅有的一两件素净的短衣，却包裹着一个高贵的灵魂，质朴厚重，浑然天成。

六岁那年回老家，梓轩第一次见到舅舅。梓轩觉得舅舅是个怪人，他那么爱书法，可一大家子共聚一堂的时候，他对书法只字不提；只有当梓轩在他的小书房里玩耍时，他坐在带靠背的木椅子上滔滔不绝，讲一些为梓轩所不能理解的话,"颜筋柳骨""蚕头燕尾"云云。童言无忌的梓轩忍不住诘问:"您懂这么多,怎么没成名人呢?"他先是一惊,随即褪去了满脸笑意,亦不生愠色,平静而庄严,像一个虔诚的教徒,只有眼里闪烁的光芒能印证他生命的律动,血脉的流淌。他的脸上渐渐透出一种悲伤,以及悲伤的深处蜷缩着的才情和壮烈。他终于从嗓子眼里挤出了文雅而忧郁的一声笑,老练、潇洒,甚至带有几分玩世不恭。梓轩不知道这笑是轻松的一笑,还是用轻松一笑来掩盖更深层的激动。舅舅突然欠起身,抬起座椅后腿,眼睛直勾勾地盯着梓轩,说道:"传艺的人只管守好自己的本分,为何非要出名?"一句话令梓轩满脸通红,心突突地跳了许久。

也正是这一幕,久久地印在梓轩幼小的心里。这便是他对艺术家的初步印象——不是神圣,不必高傲,不会言及玄远,故作高深,只是平静地讲述着,传递着内心最真挚朴素的感情。汪曾祺曾写道:"我觉得我的祖父是个人。"梓轩也有同感,他觉得舅舅不是那种清高到需要仰望的大师,他只是个喜欢写毛笔字的普通人。

二

十二岁那年回老家,梓轩驻足于舅舅的一幅斗方大字前欣赏了几个钟头。

梓轩头一次发现舅舅的字有那样独特的魔力，当他凝视着面前一方卧着条条黑龙的素宣，他仿佛看见同在一个纸面上的笔画远近错落开来；阅毕，合眼，又仿佛看见一支羊毫毛笔凌于纸上，下笔、运、行、收，一笔笔起承转合书写成一条条横平竖直，静逸中墨影成字，留着"山光悦鸟性，潭影空人心"的灵动。当墨香从羊毫毛笔间徐徐攀升，他仿佛看到颜体之筋络、柳体之风骨、魏碑之潇洒、米蔡之神韵……种种绝妙，尽在不言中。

梓轩颇似古代的神童，自小就显现出非凡的心智，常常语出惊人。他博览群书，记忆力又极强，简直天纵英才。于是，他曾经在书中见过的种种书体此刻都汇聚于脑海之中，与舅舅的斗方并作一处。他曾见过何绍基的藏锋，字体左右施展不开，似乎太呆板了；他又曾见过颜真卿的《颜家庙碑》，笔法浑厚到了极致，却欠了两分端庄与苍劲。其余的呢，杨凝式的《韭花帖》内擫和外拓都显得别扭，《灵飞经》因重复出现的字笔法雷同而失却变化之美。唯独眼前的斗方，笔势宏阔而不显空洞，锋芒毕露却未失章法，虽不及王右军神来之笔"矫若游龙"，却于结体上工而不雕，更胜一筹……

梓轩兴奋不已，将所得感受如实讲给舅舅。舅舅边看着那幅斗方边听着，又时而扭头瞪大了眼睛瞅瞅梓轩。待梓轩说完，他的脊梁已不再慵懒地靠着椅背，而是挺得笔直。他用紧握的双拳支撑着下巴,眼里仿佛有什么晶莹的东西在闪烁。沉吟片刻,他忽然开口道:"舅舅教你书法怎么样?"其时梓轩的心早已沉醉于纸与墨的黑白世界中,自然满心欢喜,一口应下了。

  梓轩一步跨到桌前,拿起毛笔,扯过来一张宣纸就要开始写,被舅舅一下喝住:"先从硬笔练起!"梓轩正在兴头上,突然被挡了一下,心里不服,道:"随便写两张玩玩嘛!"舅舅一改往日的慈眉善目,厉声说:"写书法的,最不能随便,基本功得打扎实喽!要有大成,非得从硬笔练起,指头上起了硬茧,茧消了再写出新茧,反复磨上几次,才能磨掉臭脾气,磨出那股子韧劲儿,写出来的软笔字才能讲求点画、软而不弱!"梓轩不再想着争辩,默默地找到钢笔和本子,闷头写起来,仿佛是受到一种无名力量的驱使。的确,舅舅的话语和他的字一样有力。

三

  此后,无论舅舅在不在身边,梓轩都始终坚持在舅舅编的"教材"上练习——舅舅在每一行都起好了头,关键之处还批有注解,梓轩只需在后面跟着练就行了。梓轩读过王蒙的《组织部来了个年轻人》,于是学以致用,模仿书中赵慧文抄材料的方式，哪天练的效果好了，就在纸上画个红旗，反之则打一个叉。不到半年，一厚本"红旗"竣工了，梓轩右手中指内侧也磨出了厚厚的一个茧。说白了，为学毛笔而练的钢笔字，除提高硬笔水平外，更多的是磨砺耐性的苦修。

年轻的人总是充满激情，而当这激情被捆在书桌前时，心里的苦是要远远胜过手酸、背痛和身子麻木的。于是梓轩常因苦练无着而烦躁。无数个日夜，他急得满屋子走来走去，想要把笔和本子一并扔进垃圾桶里泄愤。在心态濒临崩溃时，耳畔响起舅舅的话："基本功得打扎实""磨掉臭脾气"，恰似"于无声处听惊雷"，又被那股熟悉的力量摁回书桌，拼命地调动各个感官，在幻觉中嗅到墨香，聊慰本心。

终于，学硬笔的第三年，梓轩一千多个日夜凝结成的作品拿到国赛二等奖。他用一份鲜红的荣誉证书，从舅舅那里换来了一支毛笔——舅舅最心爱的一支毛笔，据舅舅说，那是他的一位恩师当年传给他的。那支笔手感很好，拿起来甚是轻便，可梓轩从来不会将它夹在指间转着圈玩，因为它于梓轩其实远不止一支毛笔，它的杆子里留有厚重的印记，容不得玩笑和亵渎。

四

其时梓轩十五岁，读着初三，每日的时光要被一些他并不感兴趣的知识与试题塞满，毛笔字于是渐渐荒废了。梓轩心急如焚，害怕自己苦练多年的书法功夫就这样废掉了，可是……呜呼，无法可想，周围的老师们很清楚他的书法才能，可还是执意要把一些对于他来说保质期只有几年的知识灌进他的脑子。

与舅舅通话，从听筒里都能发觉舅舅的着急。"书法是童子功，小时候不苦练功夫，尽做一些跟你后半辈子不挨着的无用功，指望等到大学再把毛笔字拾起来，练一辈子也够不着艺术的边！"舅舅在电话那头激动地喊道，"梓轩，你是个写书法的苗子，三年前你跟我谈论斗方的时候我就看出来了，因此决定传艺给你。曾经我也教过别的几个孩子书法，他们有的资质不够，练不出名堂；资质好的又没耐性，在硬笔这一关就折了；还有的孩子愿意跟我学，可家长不支持，说练字是旁门左道……我们老祖宗传下来的书法艺术，就快被丢弃和糟践完了！提起这个，我又有道不尽的话想与你讲。梓轩，你是个顶好的孩子，是天生的书法家。生在这个时代，你愿意守护我们的书法艺术的话，是可以大有作为的。千万不能从小栽在什么考试刷题上面。唉！什么时候，我们中国的教育能有点长进？什么时候，我们能潜心钻研我们所爱的事业，为国家做最大的贡献？什么时候，莘莘学子能不再被所谓全面均衡发展的'全才'思想毁掉半生呀！啊，我也许不该对你讲这些，对不起，对不起……"

自从那日与舅舅通了电话，梓轩日日心乱如麻，心里总有说不清的味道杂糅、翻涌，浑浑噩噩地度日，仿佛思想处在一片荒原，不知哪边才是正确的方向。

五

当月底，姥姥溘然长逝，梓轩随父母回乡奔丧。那几天，梓轩总看着舅舅和一群人一起忙里忙外。舅舅有些憔悴了，目光涣散失神，许是连日流泪的结果。第三天，姥姥下葬。仪式毕了，舅舅吩咐别人去做善后，拉着梓轩进了他的书房。梓轩与他对坐，看见他的眼神还是迷离，但望向梓轩时，总带着几分殷切。舅舅先开口道："你姥姥的事过去了，她算是寿终正寝，我们看开些……我要同你讲一件于你我更为重要与迫切的事……"舅舅掏出手机，翻出来几则新闻给梓轩看。手机上赫然几行大字——"开书大师某某新作品……万元成交""射书在欧洲各国巡展""新型舌书或将撼动楷书正统地位"……另附有几张照片，照片里的人千奇百怪——有用鼻孔夹着毛笔写字的；有身上沾满了墨水往纸上印的；有倒立用长头发写字的；还有拿着注射器对纸"射"字的……

手机屏幕并不亮，可梓轩觉得十分晃眼，那些新闻标题和配图刺痛着他的双目，更抽打着他的心。梓轩每看一眼，都有一种惊心动魄的感觉，心里像火烧一样。他这才知道当代的中国书法所传承的已不再是颜体之筋络、柳体之风骨、魏碑之潇洒、米蔡之神韵，而竟是这样一些不配称为艺术的鬼画符……凝结了舅舅半辈子苦功夫的正楷无人问津，一群跳梁小丑对于书法形同侮辱的作品却能火遍全国。在这样可笑和可悲的巨大反差前，梓轩沉默了。他紧张狂跳的心脏里，融进了一种淡淡的自嘲和悲哀。

六

"我也无须多说了。现在的形势摆在这里，一群门外汉在挑战我们千年传承的书法艺术。他们的东西毫无价值，经不起时间的考验，但只要人们对于美丑还有最基本的分辨能力，我们的楷行草隶篆就永远不会过时。可现在我们正统的书法缺少挑大梁的后生去推广，暂时被他们盖过了风头。就像阴霾遮挡太阳，是不会长久的。

我们现在正处在日出之前最黑暗的时候，只要挺住了，把书法的底线守护好了，我们就一定能迎来红日的普照，传统书法艺术就能遍及世界的每个角落，给所有人以精神的陶冶和升华——我虽然没有做任何侮辱书法的事，但我身上背负着深深的罪孽。因为我落后的隐士思想，不能为扭转正楷式微之势做出贡献。我毕竟是楷书的传承人之一……"

"可您的楷书作品才是炉火纯青……"

"那都是狗屎一样的作品。"舅舅突然涨红了脸，"我写得再好，只不过是自说自话，百无一用。我认为写书法的功底再深，不去发扬、推广，终究对不起老祖宗。而现在你要做的，就是走出去，在更广阔的世界里锋芒毕露，广采百家之长，日臻完美……"舅舅说这一番话时，几欲落泪，看向梓轩的眼神满是期待，那份期待就好像梓轩代表着中国书法最权威的方面。

最后，舅舅给了梓轩一张全国软笔书法大赛的邀请函——这是中国最权威的书法赛事，舅舅当年就是在这个比赛得奖而后发迹的，因此留有一个推荐参赛的名额。比赛分预、复、决三场，赛期大半个月，这大半个月恰是梓轩中考第三轮复习的时间。舅舅让梓轩自己选择……

七

若干天后的一个上午,梓轩踏上了去往比赛城市的列车。

他在靠窗的座位上闭目养神。他想起了去年冬天的老家宅院。站在房门前的棚顶底下向上看,躲在树的枯枝后面的细腰屈颈的灯盏把白得瘆人的灯光扎在他身上。树的枝干本就枯槁,逆光之下显得更加清瘦,在雨中滴着细小的水珠,轻轻摇着身躯,显得优雅、愁闷而又无可奈何。漂亮的铁门紧紧关闭着。不远处公路上来往的车辆的前灯不时把这里照亮,又不时把这里弄得更黑。

在某个瞬间,梓轩脸上也现出了舅舅那样文雅而忧郁的一笑,老练、潇洒,甚至带有几分玩世不恭。梓轩大概觉到这一点,不禁打了一个冷战。

梓轩睁开眼,把视线移向窗外。五月的南风正轻抚着万物。啊!初夏了。方才满脑子都是寒冬,此刻眼前已经是初夏了。梓轩第一次如此细致地注意季节的变迁,于是他感到自己像是刚刚度过人生中的第一个春天。梓轩仰头向上看去,只见所有风景一闪而过,只有太阳始终在视线之内,仿佛不曾移动分毫。它正隐藏在层层云彩之后,默默地透出微光。

守一片丹心

温州市绣山中学　林星彤

我在你身后，穿越历史的重叠时光，凝望着你的落寞孤寂，停杯投箸不能食，拔剑四顾心茫然。我在你身后，翻阅泛黄的老旧文稿，见证着你的失意彷徨，人生在世不称意，明朝散发弄扁舟。我透过文字看着那醉倒江舟俯身空捞水中月的郁郁身影，让人不解疑惑，又让人心生悲闷。

我想告诉你——这世界的美好仍有许多：被惊落的净蓝天空，夕阳西下的绚丽。雨后有些潮湿的屋顶，清冷月边的繁星点点。与诗友间的豪放情怀，如侠客般游走江湖，把酒言欢的恣肆潇洒，隐于山林间的纯真人生。或是，马蹄飞奔掠过扬起的尘灰，江河上悠哉漂来的小船，随落花而荡漾的涟漪，那些凡间传奇的故事。还有许多，许多，不只是皇帝的诏书和长安的花。

可你执着，你疯癫，你为官场所累。我却不懂，宦海沉浮几载，你究竟在守着什么？

跨越时空，风过林梢，遇见诗仙，原来你守的是一片赤子丹心。

像是所有的狂欢里都有清醒，所有的繁华里都有落寞，文章憎命达，短短五字，道尽一生跌宕起伏。

那年，你因与贺知章相遇，被玉真公主引荐。一句"蜀道之难，难于上青天"，博得季真声声赞叹。满腹诗伦的你很快被唐玄宗了解赏识。此诗只应天上有，而你得天纵之姿，惊才绝绝，定是谪仙下凡。看你心怀远大的政治抱负，盛满星子的眼中有向往，有自信，我是那么不忍。

你像是和理想遥遥相望，却又仿佛近在咫尺。翰林逼华盖，鲸力破沧溟。你潇洒踏上仕途，待诏翰林。我已想到你摩拳擦掌，渴望大展身手的场景。一览万国衣冠朝拜，一梦盛唐三彩斑斓。

可惜，不久后你猛然察觉这样的职位，总是失意大于抱负，官场污浊，争名逐利，总是阿谀大于志气。仿佛是被豢养的家宠，趁天子兴致高昂而赋诗几首，以讨天恩优渥，圣宠眷顾。如犬逐臭，如蝇点馊。于是你心灰意冷，辞官离去。满心欢喜，落得一场空。

失意后，你渴望醉于山水间，醉于酒杯中。一身浩然正气缠绕锋利之剑，诗魂与孤月相伴，你本应是那引得力士脱靴的千古词墨，又应当是那独攀峻险蜀道的豪壮侠客。我站在历史深处凝望你，欲言又止。

没承想，多年后你再次来到这个名于长安，闪烁着光芒却又布满荆棘的地方。你偏执又胸怀抱负地无畏向前，向险恶的官场里闯，向无尽的黑暗里冲。可始终千里马不遇伯乐，英雄被埋没。一声怒吼"试借君王玉马鞭，指挥戎虏坐琼筵"，天威震怒。

你内心遭受了沉重的打击，多次欲入世又出世的矛盾心理，使一切成烟散去。多想朝你奋力呐喊，企图让你忘却长安的朝廷，摧毁你当官实现抱负的念头，斩断你对诏书到来的执着。或许，当个侠客，当个江湖奇人，岂不自在？我总不明白你为何如此倔强地想要在这个苍凉的盛唐上留下浓墨重彩的一笔，如今我终于理解，原来很简单：你是李白，在这条不归路上带着微薄的行李和丰盛的自己。

你生来就有"愿将腰下剑，直为斩楼兰"的爱国情怀，入官场"长风破浪会有时，直挂云帆济沧海"的宏图远志。你用一根傲骨撑起盛唐之身，用一身仙气撑起盛唐之风。你守着一颗赤子丹心，化为盛唐的魂。

于是，我静默了。

看着你，在大唐这片贫瘠荒芜的土地上，无惧这长风破浪，无惧这万古凄惶。你是"笔落惊风雨，诗成泣鬼神"的天才，也是"托身白刃里，杀人红尘中"的枭雄。一支笔能刺破世间的荒凉，让烟霞散落大唐的角落；一盏酒能抨击人性的冷漠，让余晖铺满大唐的暗角。斯人已逝，虽隔千载尘寰，诗篇仍存，浪漫犹在。身虽灭，魂不死,灵长存。你的颜色,该是大唐最浓墨重彩的一笔。

我脑海中时常浮现出你凝望江中的月影,继而下水捞月的场景。几十年间,你为月写了那么多脍炙人口的诗篇,总是怀着无限的深情,向往着月亮,讴歌着月亮。月是可望而不可即的,以血肉之躯追逐水中月更是如飞蛾扑火,但我想我懂了。我懂你的甘之如饴,就像你坚定地选择守着自己报国的一片赤子丹心,即使谗言缠身,烦扰忧杂,也在所不惜。

也许每个人来到这个世界,都有自己想要守护的东西。诸葛亮拼尽性命守护汉室江山,霍金身残志坚守护探索未来的科学,抗日战士奉献青春热血守护祖国完整,父母无私付出守护孩子健康成长,更像是疫情下的白衣天使们守护生命、救死扶伤。而你的诗文,你的风骨,你的大唐诗魂,如同薪火代代相传,让后人心之所向,皆为一片赤诚。读李太白之诗,学你的傲骨,守护倾注在中华民族血液里的精神之魂,如同孙中山先生的一片丹心,始终以国家民族大义为己任;读李太白之诗,学你的狂傲,守护黑暗时永不妥协的黎明之光,如同文天祥丞相的一片丹心,守疆卫国,兵败不屈;读李太白之诗,学你的淡泊,守护纷纷扰扰下的不屈气节,如同袁隆平先生的一片丹心,淡泊名利,一心科研,为造福人类而竭尽全力;读李太白之诗,也愿我守护心之所向,如你一般清澈透明。

黑夜滑向黎明，我滑向你。在你身后，悄无声息地守护如盛唐明星般璀璨的你。茫茫字海与你相遇，刹那已不凡。

让我品着你传世的千篇诗文，诵读着你的那颗赤子丹心，在我人生的迷惘之中指引出一条向着前方的道路。让我诵读着你，远望着你，高声唱和着你，在这条你指出的丹心明路上，赤脚行走。沿途看过你看过的花，听过你吟过的诗，品你夸赞过的美酒，尝你经历的百味人生。如此，坚定而丰富，隽永而生生不息。

通知书里隐藏的爱

重庆市永川区朱沱涨谷初中　郑红焱

山路弯弯,母亲和我在寒风中,正深一脚浅一脚地往离家十多里的小镇上赶去。眼看快过年了,母亲除了准备去提前买点年货,另外就是趁上中学的我寒假回了家,陪她去镇上邮局领取远在广东打工的姐姐寄来的包裹。

到了邮局领出包裹,当母亲小心翼翼地拆开纸箱看见里面有姐姐给她购买的曾渴望已久,却又舍不得买下一件过冬的厚厚羽绒服,还有几双在冬天里洗衣时戴用的防冻长袖胶手套,以及给我这个妹妹亲自编织的一件漂亮羊毛衣,还有那些在寒冬里可以治疗母亲被风湿病折磨的药膏贴和平时母亲难吃到的开心果等。不知怎的,那一刻,我看见母亲眼睛里忍不住泪花闪闪。

于是我马上掏出手机打姐姐电话说:"姐,你寄来的东西我们收到了,妈妈可高兴了,顺便问你今年回来过年不?你都有好几年没有回家了,我和老妈可想你了!"

电话那头,姐姐先沉默了一会儿,然后带着有点哽咽的声音说:"小妹,你跟妈妈说,我今年不回家,一是工厂里赶货，放假时间不多；二是等新的开年后，我自考的英语专业的大学文凭就可以拿到手了，到时候回家，我要给你和妈妈一个惊喜。"

母亲听了我转述姐姐的话后，原本脸上带着微笑的表情，突然间又变得有些凝重："你姐姐不回家过年，除了为了节省点春节里上涨的车费之外，另外的原因可能还是对我当初那一巴掌'记恨'在心呢！"

我忙替姐姐打圆场说："妈，姐哪能生您老人家的气啊，您看这不，心思缜密的我姐不都给您买来了新年的好礼物啊！"

母亲用手深情地抚摸着温暖的羽绒服说："也是，你姐心里可真装有咱娘俩呢，这些年你姐在外也许也受了不少的苦……"

母亲的话，让我想起心酸往事，忍不住双眼湿润。

原本家里的顶梁柱、身强力壮的爸爸，在姐姐刚上初一那年突患重病去世。那时面对正上小学三年级的我，中年丧夫的母亲真是手足无措，觉得天坍塌了下来，常常以泪洗面。曾有好心人考虑到我们家孩子小，让个子矮小、瘦弱的母亲一个人去守着后山那片父亲辛劳开垦下来、种植黄花梨的不算大的果园，以后的日子一定会很艰难；便善意地给母亲介绍新的依靠男人，希望可以替母亲分担重任。可性格倔强的母亲，毅然拒绝了大家的好意。她说自己命不好,不想再拖累他人,有着成绩优良的姐姐和我,哪怕吃再多的苦,她都无怨无悔。

懂事、乖巧的姐姐一直是母亲的心头肉。除了成绩好,每天放学回家,都尽力帮助母亲做好力所能及的家务事:割猪草、挑水、洗衣、煮饭等。而我也帮母亲在果园里锄草、浇水、施肥等,顺便照料母亲养殖的那些可爱的小鸡和小兔,来补贴家用。

艰难的日子,在不知不觉中悄然而过。转眼到了初中毕业,姐姐以全校第一名的成绩,成为我们那个小村第一个考进省重点高中的人。多日不见笑容的母亲,脸上也终于露出了一丝欣慰的微笑。姐姐去城里念高中的那天晚上,一向节俭的母亲竟然不顾我和姐姐的反对,背着我们悄悄杀了一只下蛋的母鸡,说给正长身体的姐姐和我补充营养。在饭桌上让她没有想到的是,当她把两只鸡腿分别夹给了我和姐姐时,我们却又都把鸡腿夹回了母亲的碗里。那顿晚饭上母亲哭了,我和姐姐也哭了。我们三人都痛快哭出了自父亲不在人世以后所经历的一切委屈和不快。年少的我和姐姐还在母亲面前态度坚决地许下诺言,一定要让母亲今生过得幸福。

学习勤奋的姐姐进了城里高中,没辜负母亲和老师的希望,常常在年级七个班的排名中,以名列前茅的好成绩,受到老师和同学们称赞。而在姐姐"光环"的影响下，不服输的我也不甘示弱，在初中里把曾经偏科的英语努力赶了上来。而颇感意外的是，一次在全校十七个班的学生作文比赛中，我所写的有关与父亲之间的真情实感作文，竟然拿了个一等奖，而后来该文章被老师修改发表在当时知名的《新民晚报》上。姐姐在得知我发表了文章的第一时间，给我来信鼓励我要好好学习，争取将来考上中文系或新闻系，做一个优秀的作家或新闻工作者。我把姐姐对我的鼓励，当作一种无形的动力，鞭策着我在遭遇困难时，迎难而上。

我和姐姐在学业上相互鼓励，感觉到希望的曙光在向我们伸出热情的双手，可每当到了月末我和姐姐回家拿伙食费，看着清贫的家庭和越来越瘦弱的母亲，我们都难过得不知说什么才好。那时我俩上学光一年的学费和生活费，就要好几千元。虽然父亲逝世前留下的那片黄花梨果园经过母亲的精心侍弄，每年也能结出不少又大又甜的果子；可在我们那小地方，水果再好，也卖不上好价钱。听说有次母亲上树摘黄花梨，还不慎从树上掉下来，摔坏了左腿，她怕去医院花钱，自己找民间土药方草草医治了一下，后来落下一到冬天左腿就常发痛的老毛病。而虽说母亲也曾在果园里养殖过一些鸡和兔子补贴家用，可只是零散地养殖。我和姐姐曾亲眼见过因没有养殖经验，母亲费心养殖的上百只鸡和兔子患了病迅速死亡的惨烈情景，带给了母亲心理的深深恐惧。所以每当到月末我和姐姐回家,就成了母亲的"受难日"。因家庭经济支柱的父亲突然去世,有人认为母亲缺失偿还能力,所以在向外人借钱时常会遭到白眼。为怕我和姐姐看见伤心,母亲总是悄悄地背着我俩,硬着头皮去向别人说尽好话,借点钱勉强渡过难关。有次在回学校的路上,姐姐竟忽然哭着对我说,她不想去读书了。我说姐你不读书母亲会更伤心,你不会看到一个失去丈夫的女人,面对成绩优秀的女儿不上大学的失望吧?姐姐后来没再说什么,她忧伤地默默走了。

让我和母亲做梦都没有料想到的是,一直让我们觉得骄傲和称赞的姐姐,却在高考中,虽成绩依然优异,但因她所说的填报志愿"失利",没能如愿走进我们所希望的名校大门。记得在等待录取通知书的那段日子,姐姐几乎隔两天就焦急地跑去镇上的电话亭,给学校的班主任打电话询问她大学的录取情况。她对我和母亲说,因怕我们山村接收通知书有意外闪失,所以临时让学校的班主任替她转收。终于有一天,当她面带微笑地说班主任让她去学校有消息时,我和母亲还以为她会带回来考上名牌大学的好消息。可哪知姐姐回来时,哭着对我和母亲说,由于她只填报了一所重点大学,面对所报专业高分录取的"失利",她意外落榜了。

姐姐的落榜,让母亲难过了两天,躺上床上不吃不喝，为此还在父亲的灵位前大哭，说父亲为何不保佑我那苦命的姐姐。而让我不解的是，那年夏天，原本高考落榜的姐姐该悲伤、难过的。可对于面对即将小升初考试，正焦头烂额的我，她却不断加油打气，信心满满地说我将来一定会顺利考入她曾就读的高中母校。

虽然母亲对姐姐意外高考落榜一事耿耿于怀，可难过两天之后，为让姐姐去学校继续复习，母亲叫人把家里那头准备过年的肥猪卖掉，态度坚决地把钱递给姐姐说："以我们庄稼人'穷不丢书，富不丢猪'的古训，妈妈相信你，跌倒过，你仍可以胜利站起来！"

可那天一向温顺的姐姐竟然是"王八吃秤砣，铁了心"地拒收母亲的钱说："妈妈，我知道您的苦心，可我已厌倦了读书，再复读也是白浪费钱，我对自己失去了信心，怕是考不上大学了。"原本就心情不好的母亲听姐姐这么一说，生气之下竟挥手给了姐姐一个耳光，冷冷地说道："这么多年我起早摸黑的，真是白养你，白疼你了，从今后，你爱做什么，你就做什么去吧……"姐姐捂着脸，哭着跑去了邻村的表姐家。最终母亲拗不过姐姐，让她跟着在深圳电子厂打工回来的表姐，去广东打工了。

姐姐走了之后，妈妈生了一场病，那是我记得坚强的母亲得病时间最长的一场病。可母亲让我千万别写信告诉姐姐，怕影响她的工作。而幸运的是，由于姐姐在高中时是班上的英语科代表，英语不错的她一进了表姐所在的外资电子厂，不久就被荣升为组长。母亲知道消息后，又忍不住笑了。

之后通过努力拼搏，我在中考时成绩突出，顺利通过本地区省重点高中的录取线。在等待步入更艰难的高中生活那段日子里，当时常收到远方的姐姐不断寄来预习新书的资料和为开学准备的学费、伙食费，以及新衣服等。她来信对我说以后到新的学校除了要好好学习之外，还说家里就只剩我一个妈妈的小棉袄了，让我有空常回家看看，一定要帮母亲多做点事，少惹母亲生气。在信中，姐姐还说为了新的追求和目标，她想参加自考，获取大学文凭。读姐姐的信，总是让我幸福而又落泪。

我在与姐姐相互的牵挂和祝福中，度过了漫长的暑假生活。我没有辜负母亲和姐姐的厚望，当姐姐在听到我收到她母校的那所重点高中的录取通知书的那一刻，电话那边，我听见了姐姐低低的哭泣声……

单纯的我原以为，我与姐姐所经历的青春人生，虽然曲折，但也算是"功德圆满"。哪知有次陪同母亲去为一位亲戚庆祝寿宴时，在宴席上意外碰到了姐姐高中时那个最要好的同学——小芳。小芳在看到我第一眼后，就带着有点不客气的口气对我说："真没有想到，你那个看起来那么善良而漂亮的姐姐，也是一个'门缝里看人，把人看扁'的人。害我高中三年一直把她当最知心、最要好的朋友；可没有想到，她毕业考上名牌大学后，就把我这个考入三流大学的好姐妹给忘了，甚至连信息也没有一个，真是太过分了。"

"你是不是搞错了，什么重点大学？我姐姐根本没有上大学啊。自她意外落榜，早外出打工去了。"听了小芳的话，我疑惑地睁大了双眼反问道。

"不可能，你姐姐的录取通知书我都一起看了的啊，怎么会意外落榜了呢？"小芳更不解地反问，把我和一旁的母亲弄得一头雾水。

访亲回来，母亲急急地找遍了姐姐房间里的每一个角落，都没有找到所谓的大学录取通知书。母亲左思右想，最后想起姐姐临走时交给她，托她保管那个陪伴了姐姐从初中到高中多年的行李箱钥匙。在母亲打开行李箱的翻找中，终于在箱底的一个发黄的大信封里，找到那张属于姐姐的北京一所名牌大学的录取通知书。而夹在那个通知书里，除了有一张陈旧的，也许是姐姐在报纸上剪下的《女儿考上大学，父亲却自尽》的新闻报道，还有一封写给母亲的书信。

母亲用颤抖的双手打开那封信念道："亲爱的妈妈，当您看到这封信的时候，不要怪我放弃上大学。如果爸爸还在，我相信他也会尊重我的决定。我们家实在太穷，您一人日出而作，日落而息地供我和小妹上学，日子过得太清苦了。每当看见您那日渐花白的头发和衰老的容颜,我就心里如刀割一般难受。我不希望看到您为了供我和小妹上大学,而像这篇新闻里提到的事情发生:一位贫困木讷的农民李海明,他斗大的字不识几个,但却坚信,没文化就没出息,因此砸锅卖铁也要供女儿读书。女儿铃铃也很争气,高考达到了二本录取分数线。但谁也没有想到,得知女儿高考成绩的第二天,五十岁的李海明用一根捆麦的绳子,把自己吊在了土窑的门框上。乡亲们都说,是大学昂贵的学费逼死了李海明……当女儿考上大学,父亲却自杀了,'子欲养而亲不待,树欲静而风不止'这是人间最大的悲痛啊……在家里,我是老大,俗话说'先出头的笋先遭难',高中毕业后我已是十八岁的成年人了,比起村上那些初中毕业就外出打工的同龄女孩来说,我能顺利念完高中,已算很幸运了。所以为了完成小妹的大学梦,我愿意与您分担生活的重任……"

看完信我和母亲号啕大哭。于是我带着哭声拨通了姐姐的电话:"姐,你为什么那么傻啊,我们和妈妈今天才看到你的大学录取通知书。你当年考取的大学,可是全国最好的师范大学啊,你干吗要放弃呢?如今我也即将踏上高中的漫长求学路,我一定会努力学习,珍惜这来之不易的青春时光。我和妈妈希望你年后一定回家来看看,让妈妈看到她曾骄傲的女儿,在辛酸的打工生活中仍勤奋执着，拿到了属于你的大学毕业证书。还有，记得常回家尝尝我们自家果园里那种又大又甜的黄花梨，吃到它，让我们想起在九泉之下的父亲，可以安心瞑目了……"

"小妹，你什么也别说了，你已经是个真正长大成熟的大女孩了，姐姐为你感到骄傲。年后将是母亲六十大寿，我一定会带上我的大学毕业证书和给妈妈买的金耳环、金项链回家。也许妈妈并不需要我所买的礼物，但是她和爸爸那种任劳任怨抚育我们子女无私奉献而伟大的心，比那些闪光的金子，更具有闪亮而迷人的光芒……"

姐姐的话还没有说完，听着免提电话的这边，母亲早已哭成了泪人："梅梅，妈妈是老糊涂了，请原谅我那次错打了你，你永远是妈妈最懂事和最骄傲的女儿！"

眼泪再一次忍不住模糊了我的双眼……

初中组·二等奖

从"河东狮吼"到"河东狮好"

深圳市深圳中学　吴翔

"髪"（fà）字的金文左边是一只犬，右边是人头。古人认为头顶的囟门可以通天，需要特别守护，所以让忠诚的犬来当守护神。在我们家，爸爸就是全家的守护神。

——题记

在我们家，妈妈像波涛汹涌、时常"卷起千堆雪"的东海，爸爸就是那根"咬定青山不放松""任尔东西南北风"的"定海神针"，是全家的守护神。现在我就迫不及待地把爸爸成功从"河东狮吼"驯服为"河东狮好"，守护全家的故事，分享给你——

一、河东狮吼

"河东狮吼"比喻悍妒的妻子对丈夫大吵大闹。通俗讲就是家有母老虎。"忽闻河东狮子吼，挂杖落手心茫然。"你看，河东狮一吼，君子抖三抖，连手里的拐杖都掉地上了。"不幸"的是，我家就有一只河东狮！没错，我妈！

"翔仔，今天的作业做完了吗？老师又在群里批评了！"

"从今天起，你不能再玩游戏了，也不能上QQ！"

"老公？Jason？你去把他手机没收了！"

"他已经七年级下学期了，疫情期间在家待野了！"

"Jason！我说的话你听见没有？……听见了也不回应？！过来……"

你听听！妈妈经常因为我的学习问题，朝爸爸发出"震天狮吼"！俗话说"家家有本难念的经"，这就是我家最难念的经，最大的困难。

而且，我家的河东狮吼一般分为"四部曲"：

第一阶段是"狮吼"。你可能以为这是妈妈对爸爸"娇嗔"呢？NO！妈妈是当真的，是"认认真真"地"吼"，"一丝不苟"地"骂"，有时甚至能持续三四个小时！导致经常错过做饭吃饭时间。

第二阶段是"反刍"。一般骂完之后又接着"回放电影"，把刚才"狮吼"中的全部细节"复盘"一遍，看看导火索在哪儿，升级在哪儿，高潮又在哪儿，哪里有可能中止而为何不能中止，进而责怪爸爸"抢救不力"。

第三阶段是"自责"。责备自己为什么犯傻，拿别人的错误惩罚自己,"杀鸡焉用宰牛刀"?就事论事点到为止就行了嘛!做个温柔小女人不好吗?自责不已,后悔不止。

第四阶段是"冷战"。当然是妈妈单方的"冷战"了,妈妈不理爸爸,因为心里仍有"气"和"恨","此恨绵绵无绝期"。

你看,从狮吼"热战"到单方"冷战",整场"内战"大概持续两三天,而且几乎每周"开战"一场!堪称"早潮才落晚潮来,一月周流六十回"。列夫·托尔斯泰曾说:"幸福的家庭都是相似的,不幸的家庭各有各的不幸。"也许这就是我家的"不幸"吧,是真实存在的"天字号"难题!引发河东狮吼"核裂变"的"链式反应"是:我的学习问题——"平地一声惊雷起,万顷风雨加于身"。

河东狮吼,是守护的原点和起点。

二、"河东狮哄"1.0版:乐观幽默守护法

妈妈的狮吼功,已臻炉火纯青之境,火力十足,杀伤力强。爸爸是否畏葸不前,兵败如山倒?才不呢!兵来将挡,水来土掩。爸爸有独门绝技:"河东狮哄"。就是乐观幽默,灵活出招"化骨绵嘴"——哄。

有一次妈妈处在自责阶段,无不忧虑地问:"老公,

我是不是拖了你的后腿?"爸爸没有反唇相讥,而是很温和地讲了一个故事:"据说古希腊哲学家苏格拉底的妻子桑提婆是个悍妇,但苏格拉底说:'如果你娶到一个好妻子,你会很幸福;如果娶到一个脾气糟糕的悍妇,你会成为哲学家。'我就快成为哲学家了,而且是大哲学家!这都是拜你所赐呀!"妈妈"扑哧"一声破涕为笑。

有时妈妈把爸爸骂得狠了,爸爸也会委屈地噙着泪。妈妈却仍不依不饶:"好意思流泪!为什么含泪?"在这风云变幻、电光石火之际,爸爸仍会不失时机祭出杀招——即兴回应:"为什么我的眼里常含泪水?因为我对你爱得深沉!"妈妈毕竟是女人,顿时被感动得一塌糊涂。事后得知,爸爸那句诗,改编自诗人艾青的"为什么我的眼里常含泪水?因为我对这土地爱得深沉。"我不得不对爸爸审时度势、把握良机、幽默乐观的临场应变能力,佩服得五体投地。

有一天,妈妈满面愁云地当着我的面对爸爸说:"你说我天天这么兴风作浪,会不会对翔仔造成心理阴影?造成弗洛伊德所讲的原生家庭创伤?"爸爸胸有成竹地宽慰妈妈道:"Maggie,首先,弗洛伊德研究的常常是一些极端人格,比如各种精神病之类,无法做严格的控制实验,所以现代主流心理学认为弗洛伊德不是一个科学家。目前在国外仍然有些大学在教弗洛伊德,但正经的安排不会在心理学系，而是在文学系或英语系。其次，《麦田里的守望者》作者塞林格，他母亲也是一只虎妈，稍不如意就歇斯底里。塞林格的爸爸也丝毫不敢批逆龙鳞。后来塞林格不也成功了吗？放心，生命是个反脆弱系统。"

妈妈老怀大慰，转念一想又问："那会不会对你的事业造成负面影响？我脾气这么不好，你当初为什么选择我？"我知道妈妈说的是真心话。爸爸搂住妈妈的肩膀，让妈妈的头靠在他胸前，深情款款地说："擅长马术的人总要挑烈马骑，骑惯了烈马，驾驭其他的马就不在话下。我如果能忍受得了你，能和你处好关系，那我不是和谁都能处得来吗？这对我恰恰是一个很好的磨炼啊！嘿，刚才那个挑烈马骑的比喻是苏格拉底发明的。其实我最大的事业就是做好儿子、丈夫和父亲啊！更何况，俗话说得好'惧内多福'嘛！"一席话逗得妈妈又是梨花带雨又是喜笑颜开。

"其实你现在随时都可以离开我。"妈妈又真诚地试探。爸爸听后沉默了一小会儿，缓缓地说："老婆，列夫·托尔斯泰晚景凄凉，因为受不了老婆的暴虐、虚荣，选择离家出走，最后在一个风雪交加的晚上，客死在一个偏僻的小火车站里。临死都不让老婆进来探望他。我是真的不想重蹈他的覆辙啊！我也不要将这种暴力倾向传给儿子。加拿大电影制片人查理·泰里尔的父亲格雷格，是一名警察，魁梧、阳刚，但在家里从来不展示暴力，反而被妻子家暴而被孩子嘲笑为懦夫。但在格雷格过世后，泰里尔整理父亲的音像和日记等遗物时才发现，格雷格的母亲经常在家里发火，摔东西，为终止家庭暴力的代际传承，格雷格决心从自身做起，从自己与妻子的关系做起，给下一代一个安稳宁静的家。所以面对咱家这个困难，这个坎，我不但不会逃避，反而要迎难而上，守护好全家的平安喜乐！Happy wife, happy life！"

俗话说"说得好不如唱得好"。河东狮哄除了以上这些"说"法，爸爸还有"唱"法：经常在妈妈生气时，给她弹唱"你是汹涌的海浪，我是疲惫的沙滩……""夜空中最亮的星，请指引我靠近你……"每每"歌到气除"，逢凶化吉，化险为夷。

罗曼·罗兰说："世界上只有一种英雄主义，就是看清生活的真相之后依然热爱生活。"爸爸就是这样一位热爱生活的英雄，"河东狮哄"一发功，"谈笑间困难灰飞烟灭"，这对咱家起到了关键的"稳定器"和"减压阀"的作用，是名副其实的"定海神针"。

河东狮哄，是守护在全家"圆"各"点"上的切线。

三、失败

如果你认为"王子公主一家就从此过上幸福生活"了，

那就大错特错了。就在我和爸爸一致认为河东狮哄已经成功"克"住河东狮吼，为百发百中攻无不克战无不胜屡试不爽而弹冠相庆之时，我升到了五年级——小升初的紧张氛围扑面而来——之前每每化腐朽为神奇的"河东狮哄"就失灵了。真是"长恨人心不如水，等闲平地起波澜"。

迄今我对2019年9月16日那场"恶战"仍然记忆犹新、心有余悸：

"Jason，麦克都上七年级了，你从来不给他报任何课外班。你知不知道他比起同龄的孩子，差距有多大吗？"妈妈发起了"进攻"，抱怨"丧偶式育儿"，指责爸爸当"甩手掌柜"，……那情绪犹如潮水，"一波还未平息一波又来侵袭"，闹到最后竟然叫爸爸跪下！

"男儿膝下有黄金""男子汉大丈夫，不跪天不跪地，只跪高堂父母"！爸爸能下跪吗？爸爸跪下了吗？在这事关荣辱的危急关头——

爸爸，他

跪

下

了！！

我的眼泪夺眶而出！我丝毫不觉得爸爸没有男子汉气概！相反，我看到的是爸爸对妈妈满满的爱！我看到的是一个男人的柔情而不是软弱！

妈妈也是一时说气话,这下醒悟过来赶紧跑过去扶起爸爸哭了起来。后来一家三口凑在一起,"三个臭皮匠赛过诸葛亮"——先解决我的学习差距这个燃眉之急:上网搜索培训机构、立即报名、在线测试、匹配班级、当场缴费、开车、赶往教学点、找到教室、破门而入、坐定上课。一气呵成!我仍然记得那节课,上的是《有理数的运算》。其他同学应付自如,我却左支右绌。确实,已经到了七年级的我,距离全市平均水平,差太远了!

据统计,2019年深圳市公办普高计划招生33181人,公办高中录取率约44.5%。也就是说,在深圳,有一半中学生上不了高中。难怪妈妈心如火焚!咱家面临的"困难",已经不是我们一家的"个别"难题,而是全深圳乃至全国的"共同"难题。只是在我们家,正好"叠加"妈妈"河东狮"的性格脾气,表现得尤为激烈。

河东狮吼失败,倒逼守护"版本"升级迭代。

四、"河东狮吼"2.0版:终身学习守护法——河东狮好

爸爸说:"子女教育竞争是一个旅行者困局的博弈……"我听得云里雾里,只知道这是一个由印度经济学家考希克·巴苏教授于1994年提出来的理论。要跳出这种博弈困

局,需要全国的共同行动:推动终身学习和社会价值多元化。就是说全社会都要达成共识:学习是一场马拉松式的人生长跑,不是争一时领先,更不是赢在起跑线……

说来奇怪,自从妈妈接受了博弈论这个"认知疗法",她再看到朋友圈里什么十四岁牛娃会解微积分、四岁海淀小孩子会背一千五百个单词……也能做到"心如古井,情动微澜"了,当然,为防微杜渐,爸爸时不时也要连续打出降"狮"十八掌——给妈妈做"精神按摩":

十四岁会做微积分,那也只不过是微积分题而已。它并没有"超出成年人专业水平"。真正的天才都是年纪轻轻就做出"超出成年人专业水平"的事。你要二十岁能证明一个数学猜想,那才是真厉害。而如果你真的能证明数学猜想,年龄根本不重要。像张益唐那样五六十岁才证明孪生素数猜想,也一样是真厉害。这个道理是低龄并不值得夸耀。

妈妈听了,刚刚"涨潮"情绪"须臾却入海门去,卷起沙堆似雪堆"。

河东狮吼,是守护"切线"画出的"盾状""抛物线"。

还记得开头爸爸讲到的苏格拉底和他老婆桑提婆的故事吗?大多数人都会觉得悍妇无柔情,他俩感情不笃。不是的!他们只是看到了故事的开头。后来,苏格拉底被判死刑,临刑前,桑提婆抱着孩子去看望他,在生命的最后时刻,哪个女人不想陪着丈夫啊?可是桑提婆知道苏格拉底最爱的是与人谈话,所以她把本应属于她的时光,让给了老公和他的朋友!这次谈话极其珍贵,正是后来著名的《斐多篇》。而苏格拉底心里也是爱着桑提婆的,临别时他对儿子说:"对妈妈要和气……"他把妻子披散下来的一小缕头发放回原处:"你知道我们是彼此相爱的。当你对我唠叨时,我心里就好受些。你也知道,我甚至乐意听你唠叨……"

这个故事的结局,是爸爸下跪的当天晚上,在床上抱着我说的,重点是"对妈妈要和气""以柔克刚才能守好家"。虽然我不认识苏格拉底,也不知道他有多伟大,更不知道他长得帅不帅,可是我怎么听怎么觉得苏格拉底就是爸爸这副模样啊!苏格拉底超越生离死别守护了法律的信仰,爸爸用爱的河东狮哄,构筑起绵长的海岸线和柔软的沙滩,成功抵挡了妈妈一波三折的河东狮吼!守护了我们家宁静的港湾!

从"河东狮吼"到"河东狮好"的故事听完了。你也晓得爸爸是我们家的守护神。你家呢?

量子时代

厦门市第十一中学　丘宏铭

史诗

"让我们承载着梦想和希望，飞向美丽而遥远的未来……"随着目光扫过最后一行字，我合上了书，在封面的左下角写着2053年。

"真是可笑，"我撇了撇嘴，"现在可是2353年，人类早就没有什么未来了。"我望向周围，漆黑的街道，漆黑的雨点，漆黑的树木，这世间的一切都是黑色的。公元2235年，爆发了地球文明与普塔文明的战争。这是一个文明程度高于我们的文明，我们还是使尽了手段才打败他们。普塔文明投下的某种生化物质改变了氧气的结构，河流、海洋受到污染，植物动物和大部分人类在顷刻间死伤殆尽，科学家用尽手段才使最后的一亿人得到了拯救。

人类文明从来不是很强大，总是在外星文明的夹缝中生存，这苟延残喘的能力不知是令人钦佩还是令人憎恨。

教训让我们明白这个宇宙从来不是令人向往而美好的,它是一切美好事物的对立面,是残酷的。

我开启了波特屏,头版上显示着几个大字:距我们875光年外的行星Kt10053上的,高阶文明——烈阳文明在太阳上投放恒星聚变装置,太阳将于72小时后爆炸。

我的头昏昏沉沉的。都无所谓了,我心想。我已经记不起这到底是第几个世界末日了。浑浑噩噩的世界,生存与死亡对我们来说已没有太大的区别。我关掉了波特屏,转身走向窗外,在人类最后的三天里多享受一点。

生存

联合国政府的门口发生了暴动,但很快被稳定下来了。最开始是市民拿着牌子抗议,但没有什么效果。于是联合国政府的各处接二连三地发生恐怖袭击,他们要求政府让他们逃离这个没有生机的星球。

他们简直疯了,已经失去理智了。在这个阴暗腐朽的宇宙中,生存到底是为了什么?我无法理解,也不想理解。

我走到黑色的河边,深吸了一口气。河对岸两个小孩在玩着打水漂的游戏,他们脸上的笑容是那么地真,浑然不觉世界末日的来临。

"孩子真好啊。"我感叹道。石子落到水里,水荡起微波，一圈外面包着一圈，仿佛要将我催眠。我晃了晃头，醒了醒神。

我转头想要离去，忽然听到"哎呀"一声，第一个孩子跌倒了。一个大叔扛着一只兔子从旁边路过，兔子是人工培育，放到森林里供人捕猎。他赶忙放下兔子上去扶他。孩子被扶起来之后笑了，和那个大叔说了些话。大叔也笑了，只见他们七手八脚地搭了个灶，开始烤兔子。一边烤兔子，一边聊着天，一幅很和谐的景象。

我呆呆地站在那里看着他们，一直到很晚。我麻木的内心松动了，一滴眼泪顺着我的脸颊流了下来。我感到诧异，我不知多少年没哭过了。我一直做一个麻木的人，做着麻木的事，却不知道我这么做有什么意义。

我感到有些遗憾，死了以后就看不到这些和谐的景象了吧。或许，不管这个世界再怎么黑暗，都总是有那么些美好的东西的。

量子

联合国大厦的最高层，世界上最顶尖的一群物理学家，召开着或许是人类的最后一场会议。

"目前没有任何力量能使我们在三天内离开太阳系。"巴茨严肃地说，他是美国NASA航天局的顶尖研究人员。

"大家不必太过绝望。"沃姆笑着对大家说,一边向着演讲台走去,"按照物理学的定律,我们是死定了。"

"这是当然。"大家一致认同。

"可如果,"他故作神秘地顿了顿,"我们能够打破物理学的定律呢?"

"这是不可能的。"一名年轻的学者叫道。

"不,有可能。"屋内最年长的那名学者开口了,"只有一种情况下可以——量子状态!"

"薛定谔的猫!"年轻的学者说。

"聪明,"沃姆笑着说,"球状闪电的发现已经证明了宏世界的存在。那个宏电子,只要我们再进行一次宏聚变,就可以让所有人都被量子化。"

"难道你想让我们所有人都变成那种半死不活的状态吗?"年轻的学者叫道,"这是不人道的。"

"那也总比都死了强。"年老的学者一声大喊。这声吼把大家都镇住了,会场一片寂静。

"把文件拿上来。"沃姆说。身旁的那名秘书双手将文件奉上。

"此方案已经过联合国的决议,全票通过。你们还有什么疑问吗?"

会场又是一片寂静,连咽口水的声音都听得一清二楚。

"没有反对,那就是通过了。"说着沃姆合上了那份文件,大跨步地走出了会议室。

新时代

我选择了被量子化,这很奇怪,或许只是因为我对这个世界上有留恋罢了。一半的人选择迎接世界末日的到来,他们的想法跟当初的我一样。

量子生命体存在的前提就是没有观察者。当出现观察者时,我们立刻就会回到湮灭状态。也就是说对于今后的地球来说,我们只是幽灵而已。

恒星聚变并不会对地球造成什么实质性的伤害,只是会抹去地球上的一切生命。量子态出现的位置并不确定,有可能在地球,也有可能在外太空。

作为一个只能看得见听得见的意识有什么好的?或许,我只是想再看看这个世界,仅此而已。

重生

2353年12月31日0点整,太阳散发出耀眼的光芒,地球上的一切生物都被抹去。

在这一刻,地球,重生了。

夏至

池州市贵池区第二中学　杨陈婧婕

也曾闪烁，渡一番人间烟火
也曾灼热，舞一场起承转合
百年前唱着一支皮黄的歌
天宝年间梨园被铭刻
在尘埃里开出了国粹的花朵
而今落魄，悲一世无人言说
而今湮没，叹一声春秋开落
他唱着的霸王守着那片山河
他捻着的红尘守着古老的歌
每每夏至，入夜多灼热
此去经年，苔痕上阶上了太多寂寞
蓦然回首，转角却是霓虹灯在闪烁
他还守着那霸王别姬的平平仄仄
他还守着那千年之前的悲欢离合
他还守着这西皮二黄的陈年古调
他还守着这梨园，却无人应和

匆匆夏至，风露更婆娑

纵然不复曾经，他还守在原地，半世已蹉跎

台上他仍唱着霸王守着那片山河

台下听那支离歌的

只有我

寒露

中央音乐学院附中　祁特

月光幽幽，发源在正空。风拂着冷而澈的银光穿过树梢、草间与石土，将点点繁星似的微屑淋在无际而凉冽的夜空。

我在青草的怀抱里醒来。她随着风轻晃着，我从着她轻摇着。月光照来了，我晶莹地映着它的微光，影在青草的脸上。她似是疲倦了，弓下腰身，入梦。

月亮西移了，风渐渐冷了。我的身畔凝着几粒同样的银珠。我们迎着渐强的风，变换着身形，再映着月光照出五彩的倒影。那是青草多姿而瑰丽的梦。

风变得冷而大了。

夜已变得寒冷，我开始用颤抖抵挡风播撒又抛弃的薄情。

高处的黄叶飞了下来，飞起即是坠落。

疲惫的草地更弯了腰，越发低矮瘦弱。

我在被吹得如波涛般的草丛中翻滚挣扎。几个同伴早已失足落土，不知晦朔。

月亮斜得偏了,冷风依然呼啸。我的身体却停止了挣扎。

我粘在一片将枯萎的草叶上,身下已凝华成冰。

我终于又能看到天空。它是沉默的、沉郁的、沉思的。

我终于又看到了星星。它们是光耀的、光辉的、光明的。

而我在地上,是无能的、无力的、无奈的。

我的一半身体已凝结成冰,月亮离西方的山近了,近了……

我震颤着,不愿寒冷吞噬我的梦境。我梦着,东方必将出现光明。

那时,风住了,天暖了,化泥碾土绝非我的命中注定。

月亮悬于西山之顶,我的躯体已将化为冰凌。

我多么想见见天空,看看星子,摸摸云朵,嗅嗅彩虹。

我突然笑我自己,我生于大地,梦想却是超越天际。

我思想片刻,已欲放弃,但我看到金光已从遥远的那方升起。

我瞪着那金光,它先声夺人,暖了我的心地。

于是我坚持着,盼望它的温度消融冰的呼吸。

太阳升起了,月亮落下了。

金光先点亮了天空,并着星的颜色,将希望洒向大地。

冰融成了水,水蒸成了气,飘向云端,奔向天际。

我化成云，为地上的万物遮上青荫

我化成雨，为花草与树木浇灌甘霖

我化成雪，为峰岭与山坡披上银幕

我化成虹，为失落与遗憾搭建希冀

　　——我们生长在大地上，但我们的梦想超越天空

你的守护，我的归来

贵阳市第一实验中学　冯宇鑫

穿过八十年的时光，风雨飘摇中九死一生之时，因为有你，八十年后，久违的故乡终于呼唤我回家。而现在，我给每一个人诉说那一段非凡的历史。

我是故宫的文物，是千万兄弟中毫不起眼的清代青花瓷瓶。

1933 年——

那是一个肃杀而又静谧的冬夜，山海关的枪炮声震动了整个华北。老故宫人，我们形影不离的守护者，做出了故宫文物南迁的决定。就这样，我被严严实实地裹上棉花和稻草，装入定制的木箱当中，同 13427 箱又 64 包兄弟姐妹们一道踏上征途。我不知道，路要往哪里走；我更不知道，命运何从。但有着身旁的守护人在，一切未知的危险似乎都消融在了他们细致入微的关怀中。这里是北平，动荡而又温宁。

1939 年——

日军的轰炸近在眼前，河水的拍岸声更催促着我们必须在极短的丰水期结束前被搬离。仅雇到的十一艘木船，仅有的几十个人手,却要把千箱文物运走!曙色微茫之际,在一众奔走的身影中,我看到了一个微偻的背影向装运区走去。等等!他为什么还在往前走?船舱盖没有合上,继续走会坠入深深的船舱!"老朱!老朱!"我呼喊着。一定是太累了吧,没有注意到脚下的危险。他失足跌落……几天后,重伤不治,长眠在了那个守护我们的地方。他,朱学侃,为了守护我们而失去了宝贵的生命。这里是重庆,有艰辛也有温情。

2020年——

我穿越了历史,静静地立在故宫博物院的展览柜里,现在,有一双眼睛望着我,清澈温柔却也深邃,他也是曾经陪我辗转各地的守护人之一,故宫守护世家第五代梁先生。只听得他口中默念道:"文物有灵。"是啊,文物有灵。如今,我和我众多的兄弟正以最耀眼的姿态、最挺拔的身姿,展示给世人。我们用这种特别的方式,感激着那一代代守护者的无悔付出。因为,他们守护的不仅是我,更是中华文明。这里是北京,中华文化之光闪烁着的北京。

那首《故宫守护队队歌》又回响在耳畔,"亿万斯品,罗列靡遗。谁其守之,惟吾队士;谁其护之,惟吾队士!"是啊,这样的守护者,给了我们一次重新展示自己风采的机会,让我们在和谐友爱的时代,向所有人诉说中华文明。有你们的守护,才有我们今天的归来!

故梦

铁岭市昌图县实验中学　郭吉宁

"明天我就回老家。"

外婆颤颤巍巍地放下了电话,嘴角瘪了瘪,像泄了气的皮球。

母亲放下手中的活。

"妈,待得好好的,怎么突然想回老家了呢?"……

几年前,外婆生了场重病,病愈后,母亲便把她接到城里照料。故乡那老房子也就一直空着,似乎被人遗忘很久。听外婆这坚定的语气,看来真要走这么一遭了,我心想。

她深深地叹了口气,眼神空洞且迷茫。"我刚才接到你表姑的电话,说老屋年久失修,空着也是空着,不如借给她种点菜什么的……我想回去看看!"我虽不解却也没说什么,人老了,常听人说顺着她们的意见就是最大的孝顺。

说起来,我也曾在那不足二十平方米的老屋的小院里度过我无忧无虑的童年光景,长大后搬到城里过上了舒适便利的生活，对老屋似乎只是挥挥手，并无太多留恋。

第二天，我陪着外婆回了故乡。推开吱吱作响、仿佛下一秒就要被风吹倒的大门，眼前杂草丛生，一片荒芜，与脑中所忆截然不同。院子里唯一的一棵桂花树经历了风吹雨淋，因为没有了外婆精心的照顾，挺拔的身板弯了下来，它顽强地坚持到今日，大抵是在等着它的主人归来吧。

老屋站在风中，似垂垂老矣的老人，终于等到贪恋外面繁华、不肯归家的孩子。

我突然有些心酸。

外婆缄默许久，一路上眉梢都带着的笑意渐渐没入层层皱纹，她深深叹了口气，说："丫头，帮外婆修修它吧！"

我在被虫蚁蚕食的破破烂烂的仓房中找到一把布满红锈的锄头，我拿着它在外面除草。外婆在角落里寻了柄扫帚，熟练地打扫屋里的灰尘，动作利落干脆，丝毫不像年过七旬的老人。每干完一点活，就停下休息一会儿。

我们忙活了一天，才完成这项大工程。"洗"干净后的老屋恢复成它该有的模样。外婆看着这一切，额头上饱经风霜的皱纹似乎在这一瞬间全都舒展开来，苍老的容颜焕发出久违的光亮，一双眼睛眯成弯弯的月牙，露出一丝欣慰。就像小孩子得到了好吃的糖果一样，我却意外地并不觉得违和。

她兴奋地拉着我到处看，用木头桩做成的书桌，有梁上挂着的小秋千，有我画在墙上的小太阳涂鸦……怕我不记得了，便给我讲它们的故事、讲我小时候的事，思绪随着她绘声绘色的演讲，回到了童年的梦，回到了那片土地，那座老房子。

记忆的梗上，那两三朵娉婷的花，大概就是童年在故乡度过的时光吧。

即使木桩书桌已经倒了，小秋千已经散架了，涂鸦已经被岁月抹去了，只剩下淡淡的痕迹，老屋也有太多美好的回忆，那是永远都会烙印在我心里永不磨灭的。

故乡的夜晚是静谧的。月亮掉入了烟囱，雾紫色的乡村在汹涌麦浪中微微倾斜，外婆像从前一样，独自一人坐在桂花树下的藤椅上，目光悠长、悠长、悠长，眉头紧紧地挤在一起，仿佛坐落在沟壑纵横的田野上高耸的小山。

我不明白，为什么老屋都修好了外婆的脸上还是愁云惨淡呢？

似是看出我心中所想，她幽幽地开口解释道："其实这几天我一直在做一个梦，梦见你小时候在老屋里嬉闹玩耍、天真烂漫的样子。你现在还小，我是怕啊，怕等你长大后明白了故土对一个人的意义时，想回来找找童年的回忆，却成了一场空。"

我突然理解她了。

外婆在老屋住了几十年，周围是堪比亲人的乡里乡亲，吃的是自己辛勤劳作的蔬菜瓜果，不远处便是陪了她半辈子的田野。这片故土生长着她的根，寄托着她难以排遣的忧绪与乡愁。无论何时何地，故乡都是她最温暖的骄傲。

为什么老人总是比年轻人更念旧呢？因为阅历不够，少年意气风发，我们在滚滚红尘中拼尽全力去寻找人生的价值，却被外面的大千世界所迷惑，弄丢了真正美好的东西。

和外婆相比，我们都是不合格的游子。我想为自己之前对故乡、对老屋的冷漠而道歉，并庆幸因为一个老人执着的坚持，我没有弄丢那几朵最漂亮的花。

走之前，外婆把老屋托付给相交甚笃的老乡，麻烦他不时照看。我与她约定，每隔一段时间就回来看看，不让老屋孤单。

原来，故乡与异乡，有时候近到一场薄梦的距离，如果可以，我会尽全力去守护那个绚丽多彩的故梦。

初中组·三等奖

玫瑰花班的故事

常熟市第一中学　沈杨涵

人类总是喜欢新生年轻，代表着希望；人类总是恐惧衰老死亡，代表着绝望。

在医院中，我们最喜欢新生儿科，奏响了《欢乐颂》。虽然这些刚出生的小婴儿吃喝拉撒都需要人来照顾，但人们充满着欣喜和欢乐。小孩们浑身上下充满着玫瑰花般的奶香味，让人爱个不停。娇嫩的脸蛋像刚绽放的花朵，胖乎乎的四肢像藕节，一举一动吸引了一家人的眼光。即使是号啕大哭，也会引来围观和赞赏！

而在医院的重症监护室，情况刚好相反：里面应该是《安魂曲》的旋律，处处充斥着死亡的气息。很多垂暮的老人，吃喝拉撒也全都需要人来服侍。家人不再欣喜，只是充满着绝望和焦虑。随着油尽灯枯，就是一阵痛苦的哀号！

重阳节我们学校的活动选择在了颐养院，就是俗称的敬老院。我带去了古筝，和学校的小伙伴们在礼堂里，给爷爷奶奶们表演了一台热闹的文艺联欢会。台下的老人们看得乐呵呵的，使劲鼓着掌。临走时，一位老奶奶爱怜地摸摸我的头说:"你们明天还来吗,噢,不,是明年还来吗?"重阳节一年就一次,他们居然开始期盼明年的重阳节了。这长长的等待和思念,我有点震惊了。但由于学业的繁忙,很快又忘了。

五月的母亲节,鲜花盛开,我们玫瑰花班开花活动选择去颐养院。这次,我们不再像上次那样只是蜻蜓点水地直冲礼堂表演节目。我们是到每一个房间,送上我们买的玫瑰花、水果,我还用自己的稿费给一位特级教师的奶奶买了乳胶枕。等我进入老人们的房间,我才知道里面的老人们还是不一样的,能去礼堂看演出的老人是敬老院里最幸福的老人,他们行动自由,能来回走动。能自己吃饭,上洗手间。

这次进入的区域是半失能区,睡着一对老年夫妇。他们走路需要摸着房间的栏杆,而且非常非常慢。虽然洗手间就在房间内,但爷爷的尿壶还是放在了床边的小凳子上,因为对腿脚不便的他来说近在咫尺的洗手间竟然是千里迢迢,非常之艰难。因为尿壶,房间里充满了一股难闻的味道,总之是一股说不出来的味道,抑或是人们常说的"老人味",和婴儿身上的奶香截然不同。我们送上了苹果和香蕉,他含糊不清地说:"谢谢谢谢,但是苹果太硬了没牙吃不了。"护工阿姨说:"没关系的,待会给您刮果泥吃。"果泥,这不是婴儿吃的吗?爷爷又回到了生命的原点。原来老了是这么回事,就是什么也干不了,躺在床上,皱巴巴的皮肤,白发苍苍的脑袋,枯枝般的手,空洞的眼神,连翻个身都是很慢很慢……

我和同学们连走了几个房间,时间在这里很慢又很快。等我到王老师房间门口时,听我们的金老师说王老师年轻时毕业于华东师范大学,是个大美人,非常喜欢孩子。她已经倾囊捐赠一百多万,设立了"爱心奖学金"。但是今天她拒绝了我们进入她的房间:她生病刚刚好,不想让自己憔悴的病态被我们这帮孩子看到,她始终有着她的骄傲和自尊!我们把玫瑰花、水果、乳胶枕放到了她的房间门口,在那里鞠了一躬,表达了我们的深深敬意。她把爱撒向学生,爱无止境啊!

人老是从缩小活动区域开始的,年轻可以走遍全世界!然后随着衰老,慢慢缩小了活动圈,社区、院子、房间,最后被禁锢在小小的一张床上,世界只是变成了上方的天花板……

小学毕业了,为了把我们玫瑰花班的优良传统传承下去。我这个十三岁的初一女生,把玫瑰花班班旗交给了下一届的孩子们。带着小学一年级的小萌新又来到了颐养院,给老人们包馄饨,做汤圆。我们大手拉小手,约定每周六都来这里,给院里的老人带去欢声笑语:陪他们画画,唱歌讲故事,做手工,做广播操,跳舞……人老了,又回到孩子了。

王老师说:"每年的重阳节前后总是来一拨又一拨的学生,每天我们可以看三台文艺联欢会。可来过之后,我们又陷入了深深的孤独。谢谢玫瑰花班陪伴我们一年了,你们的每周坚持,让我们每周都很期盼!人老了,心衰痴呆,中风瘫痪,流鼻涕流眼泪,剪指甲也不会了,洗头也不会了,甚至吃饭也不会了,要别人喂了!但最恐惧的是看不到青春的活力,你们的到来,你们的馥郁芬芳,你们的欢声笑语,给我们注入了活力,让我们的老灵魂有重回青春的欢喜!"

颐养院院长亲自给我们玫瑰花班颁发了"最美义工团队"的奖牌。因为我们的每周坚持,爱无止境!

冰心奶奶说:"爱在左,同情在右,走在生命路的两旁,随时撒种,随时开花,将这一径长途,点缀得香花弥漫,使穿枝拂叶的行人,踏着荆棘,不觉痛苦;有泪可落也不是悲哀。"

衰老死亡都不可怕,愿爱永相随,玫瑰花一路绽放!

秋天的湖

河南大学附属中学　贾云萱

古人的秋总是伤感迷离的，似乎打那第一片落叶叩响大地，丁香便不再摇曳枝头，白鸟便不再高翔天际。可他们不知道的是，夏日的遗憾一定会被独属秋天的温柔化解，秋风能抚平湖面的褶皱，自是也能抚平你打了结的眉头。

秋的暗示总是含情脉脉的。春末秋初都是夏天，像夏天独有的白夜，凌晨几时也如白昼般高昂着头。这时候的秋，是喜欢踮起脚揉乱你头发的小孩，仅是几缕秋风，便能扰得人发痒。我是在这时来到湖边的，彼时的湖晶亮地拉着天的手，开始还浓淡分明，越远处，湖和天便朦胧在一起，只透出一道若有若无的奶白色，一尘不染的湖看上去软嫩极了，像块蓝靛的豆腐，一碰便要化掉似的。

又是一段时间的晕染，我看到有人正使着扫把清理树下的落叶，几乎是一路飞奔着卷起秋叶，和着浮土，我便又看到那般活生生的湖。说来也怪，那时的我竟觉察着是被召唤来的。不过，我抬眼看到了，我愣住了，是比原来更加干净、澄澈的湖。池鱼跃水了整个夏天，忽而降低的温度让它们身不由己地沉到了水底。倏地，临近中秋了，零落的泥不再纷飞，湖里静得要命，也净得要命。

"啪嗒"，不知又去了几次湖边，幼时心驰神往了数次的，从未亲眼见过的湖，又变了模样。不再有绵软如絮的云倒映在湖面上，也不再有被打散成碎银状的阳光。这次的湖，活泛起来了。层层鳞浪随风而起，不断撒下的落叶发出"啪嗒"声，引得我的心翩然起舞，仿佛坠入了湖底。恍然，已是秋末冬初，风是染料，把那碧绿满眼层层染尽，而后成了黄铜色。一夜寒风，树叶再也不堪重负，铺陈了整个湖面。此时的湖，像一面巨大的铜镜。少年不识愁滋味，看那秋风萧瑟席卷波光，我总有种说不出的感觉。

湖活了，她脱了那江南水乡的吴侬软语，走到了我的面前，就那么望着我。我怔怔地忾在原地，抬手欲触，却见其登时涓散成弥漫在身边的湖。

崖边，秋之，则必有一人静立。湖中人，抑或湖中世，虚虚实实，早已辨不清楚。

我们都有光明的未来

金华市金华海亮外国语学校　杨慢

鸡毛没有未来,他也从未想过他的未来。

他的名字就像他的人生一样,没有什么大风大浪,可能只有平凡吧!可是人的一生中总会遇到一些善意的目光,让自己温暖起来、坚定起来。

鸡毛搓搓手拿起筷子,刚扒拉两口饭,就来了个白帽过来催他,白帽眼底的不耐烦将要溢出来。鸡毛憨笑一下,双手合拢摆摆,连忙道歉:"我不对!"又将刚脱下的手套套回去,起身去工地。

"哎,鸡毛啊,你别怪经理刁难你,他可是供你饭吃的主子呢,可得好好孝敬他。"老刘瞅瞅鸡毛那强壮的身子骨,嫉妒心像疯了似的肆意横行起来。

鸡毛不算傻,自然听得懂那话的意思,但他也只是赔笑。他今天看见老刘从厕所打完电话出来就笑得合不拢嘴,一下就猜到了他要升职了——因为他女儿成了经理老婆。

鸡毛没有过多的感想,只叹世事无常。好不容易熬到下班,大马路上漆黑一片,只能摸索着走到公交站台。台旁路灯一闪一闪的，发出暗黄的光；头顶的月亮不见踪影，朦胧的云沉睡着。鸡毛庆幸的是赶上了公交的末班车，"来了。"他拍拍屁股走了上去，他看到眼前的场景有些惊讶，没想到这么晚还有人与他一同坐车回家。

车上零零散散几个人。前面的男人低着头摆弄手机；后面的女孩望向窗外，似乎心里装着心事；最近的学生耳里塞着耳机里面放着英语。鸡毛找了个离门最近的位子，顺势坐了下来。他察觉到了有双目光在他背后盯着他，他缓缓回过头，看见了一个学生的双眼。

"叔叔，"学生摘下耳机朝鸡毛问道，"您？"

鸡毛有些不耐烦："怎么了，我脸上有花？"

学生摇摇头："不是，您的位子……"

"我的位子？我的位子怎么了？升职没我的份，位子都不让坐吗？"鸡毛一下子恼火起来。

学生被突如其来的吼声吓得不敢说话。

前面的男人站了起来："这么大的火气，人家只是好心提醒你位子上有口香糖。"后面的女孩也转了过来，投来了肯定的目光——似乎在说的确是这样的。鸡毛这才知道自己误会了学生。他下意识地摸了摸座位，果然摸到一些黏黏的东西。正当他想要向学生道歉时，学生已经和车上的人挥手道别，下车了。

他下车后，想要去买一包烟，一眼就瞥见了路口的便利店和收银台前的小姑娘。那姑娘眼睛里满是泪光。"你怎么了?""我老板叫我明天不用来上班了,因为他说我谎报年龄……""哎,来包烟吧,最便宜的那种!"小姑娘哭着递给了鸡毛一包烟,鸡毛接过来,打开火机,熟练地点着了一支。"早点下班吧!"他转身走了。

老刘当上了监督搬砖工的人,他女儿成了工地经理老婆,外头的汤臣一品楼里的杨总正打着电话敲着键盘,隔壁电子厂里的老王拧螺丝拧到凌晨,老毛焦急地在滴滴打车求人助力,鸡毛在工地搬砖当苦力,似乎这一切依然没变。

鸡毛以为自己的人生已是平凡,但他好像又觉得充满斗志起来。平凡人总有自己的平凡,细微之处也有善意的目光。他真心认为那个好心的少年是可爱的,那个哭泣的女孩也一定会迎来属于自己的康庄大道!他自己的呢,他笑笑不语。

猫的财产

北京市北航实验学校　潘嘉岳

幽灵，是那只猫的名字。

它的脸颊一半洁白似雪，一半却漆黑如夜。

若不是那老宅的原因，它一定算是美丽的，一只蓝一只绿的眼睛，让它平添了几分异域色彩。

老猫穿过厅堂，房梁上挂满蜘蛛网。桌上的佛像早已没了眉目，身上的油彩已经褪得不成样子，只能算是一堆朽木。好久没有打扫的地面覆盖着厚厚的尘土。除了老猫纵横交织的爪印，就再也没有其他生物活动的痕迹。

房间的摇椅上，它的主人正等着它。幽灵跃上老主人的大腿，蜷起身子卧下来。壁炉里好久没生火了，它也到了脱毛的年龄，照不进阳光的房间阴冷极了。幽灵缩进主人的臂弯，它多希望她能把它抱紧些，可是主人像是睡着了，一动也不动。

自从老宅荒废后，就没有人去过那里。人们说它是凶宅，几年前这家中暴发了一种奇怪的病，邻居搬迁，妻离子散……据说最后只剩下老太太和一只猫守着空宅子，整日闭门不出，不知死活。

小雪是村中有名的孩子王，仅十岁的她凭天不怕地不怕的性格赢得了许多敬仰者。听说有这样一个奇怪的古宅，向来不信邪的她一定要去看看。

那里围栏早已消失，大门半挂在门框上，随时都可能掉下来。她迈过腐朽不堪的门槛，小心翼翼地走进荒芜的院子。她本以为会惊起一些潜伏的小动物，可是迎接她的只有死气沉沉的静寂。

她鼓起勇气往屋里深处走去，每一步都会搅起大片尘土，那里有一扇上锁的门，锁芯已经生锈，她稍微用力，锁就断成两段。屋里的一切令小雪瞠目结舌：大大小小的青花瓷瓶摆满了一个书架，另一面墙上全部是裱得极为精致的水墨画，古书古籍装满一个个木箱，其中不乏一些线装书。简直是个古董库！

她赶紧原路返回，虽然不确定那些东西是否有价值，她肯定它们都很古老，而课上老师说过，遇到这样的情况，有关部门有权知道。

这时她才注意到大厅左边还有一扇虚掩的门，地上的尘土中还有猫来往的脚印。好奇心驱使她向前试探。刚推开门，一股浓烈的令人作呕的气味扑面而来，而接下来她看到的景象，她此生都不愿再提起……

一具已经腐烂了大半的尸体斜躺在破烂的摇椅上，蛆虫一点一点吞噬着发臭的肉体。一只毛已经大把脱落、骨瘦如柴的猫从尸体上抬起头，一半黑一半白的脸上的那双异色瞳，闪出冷冷的寒光。

小雪尖叫着，却没有发出任何声音。她像离弦的箭一样飞奔出了古宅，跌倒在路边疯狂地吐了起来。父母找到她时，她靠在一棵树上，两眼空洞。母亲惊慌失措地搂着她，父亲摇晃着她的肩膀，而她好像对周围的一切没有任何感觉，只是浑身发抖，脸色煞白……

之后，小雪发起了高烧，好久都没有再出门。而老宅中有尸体和那里藏有珍贵古物的讯息不胫而走，一时间众说纷纭，小雪也连带着成为人们议论的对象。

村长当然不会放过这次炒作的机会，邀请了几个记者要他们去寻找古物。于是在雪后初晴的一天，记者们架着摄像机，在围观村民的引导下，浩浩荡荡地踏进了那个神秘的住所。

说是"考察"，其实在场的人各怀歹念，无一例外想顺走一本古书或一幅画卷，毕竟这样好的机遇不是天天都有的。

可众人还没前进几步，就听见一声愤怒的嘶吼——一只毛发凌乱、有着阴阳脸和一双异瞳的老猫弓着背挡在厅堂中央，龇着残缺不全还泛黄的牙，好像随时要发起进攻一般。"幽灵？是幽灵！"几个年长的老人挥舞着拐杖叫嚷起来,"它怎么还活着?""你没听说?它可是出了名的邪门,就是它克死了这一家!"这一喊,没有人敢再轻举妄动,冲在最前面的小伙悻悻地退了回来,他虽然不是疑神疑鬼的人,但老人的话着实让他脊背发凉。

有些天真的村民想用零食诱走幽灵,可它早已不再屈服于那些转瞬即逝的东西。它只知道原来主人每天都要去那屋里坐上几个小时,抚摸那些古老的物品,擦拭上面的灰尘。现在这些不知好歹的人居然要闯进主人的房子、夺走她毕生守护的东西,这是它绝不允许的。

趁人们还犹疑不定,幽灵发起了攻击。它借门槛高于地面的优势,用惊人的弹跳力跃到了一个矮胖男人身上,好久没有修剪的爪子迅速在他脸上留下深深的血痕;接着它跳到了男人旁边的女人头上,狠狠抓着她的头皮,女人尖叫着四处乱撞,它借机蹿到其他村民的身上,撕扯他们的衣服、抓破他们的嘴脸,还跳到记者的摄像机上划坏了镜头。但毕竟还是年老力衰,它渐渐没有了开始的冲劲,动作开始迟缓,呼吸开始急促。村民们看到了时机,发起反攻:他们疯狂地将自己手中的铁铲铁锹砍向它,挥动着一切用以当作武器的东西,企图将幽灵逼向角落。躲在远处的老者们又扯起嗓子喊了起来:"小心!它是怨灵,会复仇的!"可是被点燃了怒火的年轻人才不理会他们的劝阻,在他们眼里,它只不过是一只挡在他们和财富之间的又瘦又老的猫而已。

一把匕首出其不意地划过，血溅了出来，是幽灵的血。它一个趔趄，半卧到地上，腹部染得殷红。幽灵仍不愿放弃，它强忍剧痛，扭头死死咬住一个村民的脚踝，那人痛得高呼，用手中的木棒狠狠击打着它，紧接着又是一刀落了下来……

它拼命挣扎，企图拽住另一个人的裤脚，但冰冷的刀无情地一下一下切断了它的抵抗……

幽灵的头歪向了一边，视线渐渐蒙眬，它感到有什么正在悄悄离开它的身体。一切都放慢了，人们在冲进古宅时的呐喊、抢夺古物时的争吵，以及桌子翻倒和花瓶破碎的乒乓声，都显得好遥远……

一滴泪水，划过它溅满鲜血的面颊。

小雪猛地从梦中惊醒，晕晕乎乎地坐了起来。外面声音嘈杂，吵得她头痛。"发生什么了？"她一脸困惑地问已经全副武装的父亲，"你要去哪儿？"

"你不是说古宅里有古物嘛，我去看看……"父亲含糊其词。"外面怎么那么多人？"小雪追问。"有记者来，大半个村子都跟去了，我去凑个热闹，你好好养病。"爸爸说着出了门。小雪愣了片刻，记者？围观？古物？她忽然有一种不祥的预感，鞋都没穿就追了出去，父亲正在锁栅栏门,看到她吃了一惊:"你会着凉的!赶紧回屋!"小雪才不管那么多,紧紧抓住父亲的袖子:"你们是不是要偷拿文物?你们不能去!""一件古物值那么多钱,这样咱们就能去大城市,不好吗?""不行!"小雪瞪大眼,她想不到父亲居然是这样的人,"老师说——""我管你们老师怎么说!"父亲见人群已经走远,不耐烦地甩掉小雪的手,"他是城里来的,哪里体会过乡里的苦!进城是我和你母亲一辈子的愿望!你好好待在家里,别出来惹事!"

小雪冲回屋内,她想起老师给过她文物局的电话,或许……

"您好?"

"您好,请一定帮帮我……"

老宅里,混战仍在进行。一个妇女抱着几卷画卷最先脱身,向外跑去,一边跑还一边喊自己的丈夫:"快!拿了就赶紧走吧!"

"不可以!"稚嫩的童音划破空气,时间仿佛被按了暂停键,所有人都惊讶地看向门口。一个身上披着过大的军大衣,脚上套着棉拖鞋,头发散乱的瘦小身影,正正地挡在路中央,而在她的身后,包围着出口的,是十多名警察。从警车里走下一位穿着正式的男人,他正是文物局的成员。

"都走吧,以后,别干这样的事了。"大叔示意小雪让开门。听到这句话,原本吓得缩在墙角的人们一下全部夺门而出,趁这帮穿制服的还没改变主意,迅速消失在了羊肠小道上。

文物在警察的协助下被悉数运走。还好小雪的电话及时,大多文物完整地幸存了下来。如果不是满院的血迹、杂乱的脚印以及仍四处飘扬的灰尘,这里好像什么都没有发生一样,死气沉沉地没有生机。

老人和幽灵的葬礼在两周后举行,猫和主人葬在一起,洁白的墓石上面庄重地刻着老人的名字,以及"幽灵——最忠实的守护者"的字样。

一切又恢复了平静。

诡异的是,当村民们去扫墓的时候,发现墓穴敞开着,幽灵的骨灰则不知所终。而小雪分明看到老猫站在坟头,久久凝望着老宅的方向。当她想再细看时,猫,却消失了。

守护文学

宜兴市陶都中学　张振宇

我小时候读一篇文章，至今记忆犹新，因为其中立意精妙，情感真挚，经得起反复咀嚼，回味无限，反观现在浩如烟海的网络文学，有些动辄百万字，却令人读过就忘，味同嚼蜡。

现如今，紧凑的生活节奏使阅读越来越碎片化，人们已经很少会花大量时间静心研读文学著作。当出版业、读者和作者开始仅凭点击率与销量来评价一部文学作品，我们便应该进行反思。对印刷数量和打赏金额的盲目追求正在抹杀文字的灵性，作者失去了细细打磨、斟酌字句的时间，甚至遗弃初心，勉强生产，抄袭成风。

想要写出有力量的文字，得先把自己变成一块干瘪的海绵，尽己所能地大量吸水，挤压出浑浊糟粕，再以学无止境的态度继续吸收，反复多次，此外，社会阅历与生活经历也必不可少，少了这两样，文字也只是虚虚浮于表面，创作必须经历长时间的锤炼。

铁凝曾说："我们应该有放慢脚步回望从前的勇气。"

我们应当停下来，拨开功名利禄的浓云，撇开金钱名誉的干扰，好好学习历久弥新的经典佳作，少一些无病呻吟，品一品"文章本天成，妙手偶得之"。少一些闭门造车，试一试"问渠那得清如许？为有源头活水来"。少一些生搬硬套，理一理"文章合为时而著，歌诗合为事而作"。这样，才能还文学创作一份本真。

其实《守护文学》这个标题由我这个黄毛小儿写来实在有几分哗众取宠的意味，"嘿！这顽童，大言不惭！"我企图删改替换，思索良久，最终作罢，既然要讲本真与纯粹，那干脆直言不讳，守护文学正是我心底的声音。不少有思想的作家改行做编剧，做网络文案，他们迫于生计，高呼创作已死，文学已死，但其实方块字占的地方并不大，只需一点时间与一支笔，他们依然可以写真正想写的、该写的东西。

我这样说，又该受到"何不食肉糜"的批判，条条框框如此之多，也让表达束手束脚，再难见以文论战，群情激昂的热烈场面。看看伏尔泰的那句话："我不同意你的观点，但我誓死捍卫你说话的权利。"有这样想法的作者，我见得也不多了，前几日竟见所谓"网文圈"中两派搅起骂战，作者放任粉丝四处攻击，容不得批评，容不得多余声音，文学竟成了排除异己的手段。

还是停下来回望从前吧，听余华在微风细雨中呼喊，看列夫·托尔斯泰在战争中颠沛辗转,百草园的鸟鸣响了几十年,使我心宁静,意悠远。

  守护文学,我愿从我做起,以蚍蜉之力高呼守护方寸净土,写真实且有温度的文字。我相信越来越多的人心中都会不约而同地燃起点点星火,它召唤每一位文学爱好者加入守护文学的行列,这力量来自对文学之美的追求,来自那些激荡灵魂、启迪思想的精神食粮,就像正午时分向日葵上空的艳阳,永远灿烂芬芳。

我的百草园

佳木斯市第二十中学　李依珂

语文课的铃声响起，老师轻轻在黑板上落下几个大字，白色的粉笔灰沙沙落下……《从百草园到三味书屋》，我不禁想起了军营中的童年，那是我的百草园，是生命给予我最好的礼物。

空气湿润，草也清爽。花开得正盛，蝶来得正巧，春天来到刚刚好。几个孩子窝在树下，蜷在树叶的阴影里，听着大哥哥给我们念《从百草园到三味书屋》，其中那个托着腮的就是我。哗哗的树叶响声应和着文章的旋律，百草园的景象铺陈开来，就像这部队大院儿一样，天色湛蓝，童趣盎然。

太阳发出炽热的光，但我们不怕，拿着一把大铲子，撬开蚂蚁的老巢，捉住蚁王，抢走蚁卵，看蚂蚁们急得团团转。或者，偷偷来到池塘边，抓来两只小蝌蚪放进鱼缸，每天看着乌黑的小蝌蚪在绿色的水草中穿梭，突然有一天就长出了小脚，好哇，我倒要看看你，是怎么变成小青蛙的。我们还效仿鲁迅捉鸟的方法，备好小米和竹筛，躲在一边，可惜的是，我们的运气连鲁迅先生都不如，一只小小的麻雀也没有光顾过。玩累了，就坐到树下，随手采来一些水果，洗也不用洗，拿来就吃，我总想，它们的味道一定不比百草园的桑葚差。

素雪漫天，银蝶乱舞。不会塑雪罗汉的我们只好将颜料倒在雪堆里，第二天一早，就会冻成彩色的冰，我们光着小手，捧着冰，嘻嘻哈哈地乐，谁管它是零下十度，还是零下二十度。红灯挂起，又是新年。大礼堂里，每一个连队的叔叔都精心准备了节目，我们也不示弱，登台就唱，逗得叔叔们哈哈大笑。一道道家乡菜端上来，四川的、北京的、西安的、内蒙古的……他们说起了方言，讲起了故事，家乡的味道热气腾腾地弥漫开来，映衬着张张纯真质朴的笑脸。

从百草园到三味书屋，从童年走向少年，虽然成长是辆无法掉头的列车，但我仍无比感激上天赐予我这份独特的礼物，让最真的我遇见了最真的人，度过了一段最真的时光。每个人的心中，都有一个这样的百草园，那是生命给予每个人最无瑕的馈赠。

"同学们，今天我们一起走进百草园，一起品味鲁迅先生的三味书屋。"老师轻声说。我望向窗外，真巧，上天也赐予了我一个礼物，我的百草园。

现在，换我守护你了

厦门外国语学校湖里分校　陈蔚眉

爷爷老了。

小时候，爷爷是守护我的英雄。父母工作忙，奶奶又走得早，于是照顾我的重担便落在了这个不善言辞的大粗汉子身上。每天早上快七点的时候，他总是很准时地把我从睡梦中唤醒，上下学也都是爷爷来接送我。爷爷总是用他粗糙而温暖的大手包裹着我的小手，牵着我慢慢走。在清晨的曦光里，在落日的余晖下，一个腿脚不便的老人，背着红色的小书包，牵着一个小小个、腿短短的小女孩，慢慢地走在路上。那时，爷爷伟岸的身影，便是我的全部。

可渐渐地，英雄的背，不知何时越来越驼，走得越来越慢。我也长大了，甚至时不时要停下脚步，等他。慢慢地，英雄没有了时间观念，黑白颠倒，然后，这位英雄就"退休"了，成了我一个人独自走着，走着，步履匆匆。

爷爷的头发越来越白，记性也越来越差。

我知道，他是得了阿尔茨海默病，也就是老年痴呆，没有特效药。

他的记忆开始混乱，一天会吃五六次药，或者一整天都忘记吃药；他的腿脚越来越不灵便，有次甚至在楼梯间摔倒，听到动静的父亲立刻冲了下去，当年奶奶就是因为摔倒，磕了后脑勺，当时家中没人，她在地上躺了两三个小时，因失血过多而去世。为了不让爷爷重蹈覆辙，经爷爷同意后，他被送到了岛外的养老院。

爷爷被送到养老院的第一个周末，我去看望爷爷，我担心他因时而混乱的记忆，已经忘了我。事实证明，这一切没有发生。他紧紧握着我的手，就像小时候那样，嘴里亲切地喊着："金孙，我的金孙来了！"他看起来很高兴，而我却红了眼眶。我假意走到阳台说透透气，实则是抬手抹泪。

他还记得我。

他坐在轮椅上，我推着他下楼遛弯儿。天气很好，清风微凉。走在林荫小道上，阳光穿过树叶细碎地洒在脸上。风轻轻吹过，卷着些许凉意，抚在身上舒服极了。他却开口了："金孙冷不冷啊，阿公这件外套给你穿……"说着就要脱下身上的外套给我。我连忙说着不用不用。泪，折射着光的色彩，湿了双颊，也模糊了前方的路。

爷爷守护了我一整个童年，现在，就换我来守护爷爷吧。

人生易老，岁月无情
——记与大爷爷的一次相见

兴化市板桥初级中学　高子皓

中午吃完饭，我闲着无聊，便打算去朋友家玩。外面日头很大，刺眼的阳光照在身上热热的，但风却是慵懒的，吹在脸上很舒服。我快步向前走着，不知不觉，就到了大伯家的门口。大伯常年在外地，只有过年回来小住几天，但今天门却久违地开着。我好奇地探头朝里看了一眼，一位老人瞬间映入我的眼帘。我再定睛一看，天哪，居然是大爷爷！我有好些年没见过他了，一度以为他已经去世了。

我走了进去，一阵凉气袭来，舒服极了。"呀，小宝你怎么来了？"坐在一旁的大伯惊喜地问道。小宝是我儿时的乳名，即使现在已经长大了，家里的长辈们还是习惯这么叫我。我笑着喊了声大伯，便立刻看向大爷爷。"现在天气热了，把你大爷爷接过来住住，有空调凉快些呢……"大伯自顾自地说着，我的视线却久久不能移开。面前的大爷爷双腿无力地瘫坐在椅子上，嘴里艰难地咀嚼着大奶奶喂给他的饭菜，眼睛却一直盯着我看。他比以前更苍老了，头发虽然没有全白，但已变得稀稀疏疏。脸上也满是斑点，一条一条的皱纹多得像大海里的波浪。牙齿已经所剩无几，仅有的几颗也如锈蚀的铜锁一般，可以轻易看到他嘴里的饭菜。他浑浊的双眼依然注视着我，似乎正艰难地在脑海里寻找出关于我的记忆。唉，从大爷爷的身上，我第一次感受到岁月的无情。

大奶奶拍拍他的肩膀，指着我，对着他耳朵说："你认识不认识了啊？"我往前走了走，渴望听到熟悉的答案。儿时的我每每遇到大爷爷，总要被他"戏弄"一番。任凭我机灵地躲闪，他总是能出其不意地抓到我。有时若没被抓到，他见我惊慌失措的样子和将要噘起的小嘴，就会爽朗地大笑起来；若被抓住了，那我可就惨了。他会用双手双脚将我"锁"住，想要离开就必须叫他一声大爷爷。在我们乡下，认输就叫"花招"，我哪里肯呢，便次次用尽全力挣脱，可他的劲很大，无论我使出多大的力气，都没有成功逃离过。实在被他弄疼了，我会恶狠狠地瞪他一眼，可最后还是得乖乖叫声大爷爷。

现在，这些儿时的乐趣居然成为我们之间仅有的美好回忆。等了一会儿，大爷爷终于慢吞吞地吐出几个字，可并不是我们想要听到的。我走到他身旁，弯下腰朝他耳边大叫一声"大爷爷"。他身子似乎一颤，像是想起了什么。

大奶奶说道："你怎么不认识了啊，他是老三的孙子啊！"大爷爷转过头呆呆地望着我，然后吞吞吐吐地喊出了我的乳名。

我高兴地笑了，大伯和大奶奶也高兴地笑了。可当我跨出门的那一刻，视线却模糊起来，我一级一级地走下台阶，泪水也一滴一滴地滚落在台阶上……

你是温暖我一生的守护

衡水市安平第二实验中学　赵雪舍

窗外的风放肆地吹着，好像迫不及待地想要唤醒我心底的记忆、牵动着我的思绪……或轻柔，或飞快，或浅显，或深刻，但好像都不是。没错，是温暖，是那温暖我一生的守护。

踏上时光倒流的旅程，来到五岁那年，是我人生中最痛苦的一年。在那年，爸爸妈妈离婚了，他们为了我的抚养权闹得不可开交，那时，你义无反顾地站出来要我的抚养权，述说不用任何人抚养我，不想让我受一丁点儿委屈。他们走出民政局的那一刻，你把我揽在怀里，那个时候，我觉得什么都不怕，你那双粗糙而温暖的大手支撑起了我成长路上的一片天。

七岁那年，爸爸因为工作出差而出了车祸。我在医院里哭红了眼睛，你用你粗糙的双手擦去我脸颊的泪水，你的手磨得我生疼，却让我不再害怕，有了一种莫名的安全感。从那以后，接我上学放学的重任落在了你身上，你白天要去医院照顾爸爸，晚上还要给我辅导功课。你不停地告诉我要坚强，要每天快快乐乐的，可我却看到了你每每深夜便会偷偷地哭。我记得有一次你送我去上学，你的脸上写满了疲惫，你骑着自行车，我坐在后面紧紧地抓你的衣服，看着你笨拙的背影，一股暖流涌上心尖，除了暖流，更多的却是一丝心疼萦绕在心间。

十岁那年，我特别爱吃你包的粽子，轻轻剥开青绿色的粽叶，一股粽香味扑鼻而来，露出乳白色的糯米。蘸点白糖，轻咬一口。嗯，粽子的味道真好！一年四季，不论严寒酷暑，你总会给我包粽子。清晨，我被粽香的味道从梦乡中叫醒，跳下床，跑到厨房，一个个挺着"将军肚"的粽子在你手中诞生了。你用筷子夹起一块，吹一吹，放在我嘴里，那叫一个香！可是，你知道吗？我清晰地看到，你手上的茧子越来越多了，它们像一把把猎刀，刺痛我的心。我知道，那是你爱过我的证据，你在用这爱滋润着我的童年岁月。

随着时间的推移，我长大了。十三岁那年，是我步入初中的时候，我喜欢上了写作和演讲，写完后总是会拿给你看，也许你的文化水平并不高，可你每次都认真地阅读着，还一次又一次地为我竖起大拇指。我在家演讲的时候，你就像个观众似的，面带微笑地倾听着，也许你听不懂，可你还是假装很懂的样子，为的就是不让我感到失落。你所有对我的爱，都是那么深刻，刻在了我内心深处，让我久久不能忘怀。

我不知道时间还会留给我多少这样美好的回忆，也不知道你还能陪伴我多久，我甚至不知道，这样温暖的守护还会有多少。如今，你已守护了我十五个春夏秋冬，人生有多少个春夏秋冬？我并不知道，我只希望未来又一个十五年甚至更多年，可以换我来守护你。

奶奶，你是温暖我一生的守护。

无止之境

——有关颜色

中山市纪中三鑫双语学校　邵洁茜

世界上有很多种颜色，而每个人心目中都有自己喜欢的颜色。

说说我喜欢的颜色吧，他们或浓墨重彩，或清幽寡淡，或夺人耳目，或需细细品味才解其道。

他们是蓝、紫、青、黄、红。

其实我小时候最喜欢紫色。

我失眠时仰望星空，我发现那夜空的颜色绝不是单调的黑布袋，在那淡淡的淡黄色月光穿透进浅灰色云雾的高远之巅，我似乎瞅到了一些碎星，洒在斑驳陆离的天空上。而这时的天，是紫色！似有无穷的魅力与神秘，有如去到一个绚烂的境界，沉醉在心灵的升华中，无悲无喜，无善无恶，无穷无欲，是深紫色的邈远，是夜空星辰会追寻的颜色。

但后来，我慢慢长大些了。我不怎么去崇拜看得见而摸不着的东西了。科学课告诉我，这个世界要相信真理，要相信唯物论。虽然我还是很喜欢紫色,但我开始喜欢的是浅紫色。紫色的薰衣草、风信子、郁金香,这些浅紫色的花朵,在大自然中不是很常见。在层层叠叠的深林中躲藏,开出来的花自然是带着神秘的,但是却不是那么可望而不可即。闻着他们的香味,仔仔细细才能嗅出一些忧郁,在阳光照射后默然地开放,在春雨洗涤后敛声不语。

紫色花朵的花语,大多都代表爱情。是沉默的等待,是悲伤的追寻,是苦涩的回首,是无尽的温柔。无论如何,他们总是那么沉静,那么忧愁,那么馥郁,那么恬静。

再后来,我开始喜欢与深紫色色系相同的蓝色。无论是晚风吹拂,还是烈日艳阳,一抬头,总会看到辽远的蓝天。有时是中和的湛蓝,朴素无常。虽然朴素,但他们是天空出现最多的颜色。他们坚守着一片天,与白云一同变幻着,在朴实的基础上有了新意,也颇有趣意。他是诗人和画家心里最正统的蓝天,在无数赞歌和礼乐下,他依然坚守本心,实在是难得。

抑或是天空变幻,变成了浅蓝。是谁恬静温柔的笑容,在午后的阳光下温柔了岁月。如歌般的流水,哗哗地流淌在大地上,滚过快乐,流过悲伤,最后一泻汪洋,回归到平静的地方。

至于青色,是最有生命力的颜色。质朴却朝气蓬勃。白露未晞,透明的水滴流淌在墨绿的叶子上,猝然地谱成一段动听的合奏曲，演绎生命的大气。如果滚落下了，露珠似乎已经晕染了绿叶，苍翠欲滴。汝窑的青瓷细得像糖，如一个清丽的美人，历经沧桑却仍然活得光彩、淡泊。

后来，心里爱着那些纯粹的颜色过多了。他们是世界上的一颗尘埃，难免与世俗有隔阂。难道大红大紫的颜色就不好看了？

其实不然。

每每走在夜里的城市，高楼林立，孤寂排斥了一切时，我总会想起大街上的路灯。淡黄色的街道不仅照亮了路，还照亮了人，让人与人之间的距离消逝。大排档烤肉的香气蔓延整条街，你可以说那里的东西不怎么上档次，那你就太"高贵"了些。不论如何，我们始终是生活在人世上的，真的，烤肉的香气无人能敌。再者，回到家，总会有一盏暖黄色的小灯亮着。像夜里孤行的航船，看到无边的海上有一盏指路的灯塔，似乎血液一下子就会变得温暖。家里的灯，同样温馨。

我也可以说，我喜欢的是黄色的气节。像"菡萏香消翠叶残，西风愁起绿波间"，即使是残荷，也要"出淤泥而不染，濯清涟而不妖"；秋日里的寒菊"宁可枝头抱香死，何曾吹落北风中"，似乎这才是最好的生活态度，即使懂得，也坚持本心。

或许是爱屋及乌吧，在暖色调中，除了黄色，我最喜欢的便是红色了。虽然这看起来有些艳俗，但谁一天到晚渴望孤独。人总是群居而生的，热闹一下还是十分必要的。没有繁文缛节，没有客套，有的只是团团圆圆，阖家欢乐，是老母亲激动得红了眼眶，还是新娘子甜蜜的笑容，有时候幸福如晚霞一样转瞬即逝，但却简单而美好。

画中颜色不在多，只在配合得恰如其分。生活也是这样。一天到晚哀伤旷远，或是粗鄙艳丽，都不是最佳状态。生活就像一幅好画，既要有热闹，也需要安静。这才是最好的生活。

『初中组·优秀奖』

手足无措的那一刻

南京市栖霞区金陵中学仙林分校　刘卓航

三舅爷开着家理发店。

小店二十多平方米,有个隔间,是专门洗头的。店里的陈设摆了几十年,用舅爷的话说,这是"情怀",是"字号"。小时候稀里糊涂,只是记下这两个词,当然,顺带第一次剃头手足无措的那一刻。

哼着当红的流行歌曲,西装革履的舅爷娴熟地理完了发。较于舅爷的气定神闲,我则大气不敢出一口,这是我第一次一个人来理发,外婆还开玩笑似的说三舅爷是亲戚,不用带钱。真是的!哪有理发不付钱的道理?可我也只能硬着头皮一个人来了。

"钱呢?小子!"那一刻,我怔住了。真是怕啥来啥!我就知道应该坚持问外婆要钱的!躲闪着舅爷锐利的目光,我知道事情要坏!去舅爷家玩的时候,从没见过这副夜叉面孔啊!两只不大的眼珠要瞪出火星来,尖瘦的脸上道道沟壑仿佛一直在那儿一样,像要把人吸进去撕得粉碎。墙上十二英寸小彩电里播着卫视节目,那位歌手脸上的浓妆越发可怕，尖锐的高音像根针刺入我的心胆，这才试出我早已中毒，却已像皮球泄了气。

  店里顾客戏谑的笑容快要让我发疯，农村人朴实厚道的脸已经显得狰狞可怖。忽而，门外传来恶狗的乱吠声，我才从恍惚中猛然醒来，才发觉双手已经冰凉，想要抓住些什么，却什么也握不住。下一刻，所有的后悔、心虚、害怕、无力全部一股脑冲入脑腔，糅成了一股杂乱情绪，化为涕泪喷涌而出——声情并茂，好不凄惨！

  "哟哟哟别哭啦，别哭啦！"舅爷笑也不是，哭也不是，站也不是，坐也不是，"我逗你玩的啦！别较真嘛！"舅爷脸上绽开了菊花般的笑容却比哭还难看！于是，眼泪泛滥得更起劲儿了……

  几十年如一日，街上林立的店铺一茬又一茬地更换，可舅爷的理发店却一直伫立在那儿。谁想，时间从舅爷理发推子里过去，从舅爷老旧西装里过去，从那"情怀"，那"字号"里过去，从他脸上，拂过去……可舅爷的心，从未衰老，也永不衰老！

  每当想起手足无措的那一刻，舅爷那颗不老的心，连同自己那滑稽的样，不由得笑了出来。

只因为有你

成都棠湖外国语学校　孙杨璐

> 春暖花开，奔你而来。
>
> ——题记

天气晴朗，人潮拥挤，我努力踮起脚，苦恼，茫茫人海中，怎样才寻得你？

突然，我的眼睛仿佛有了那一束光。啊，我看到你啦！在阳光下，夏天的风，吹起了你的裙摆，随着你奔跑过来，发圈上的樱桃，一蹦一蹦的，好不欢乐，你，一个熊抱，我，身上满是，属于你的，馨香味。

你还是像以前一般，甜美、可爱。皮肤白皙，眼睛滴溜溜地转，嘴角永远噙着那一抹笑……只是，那齐腰长发，变成了齐耳短发，显得更加庄重了。

突然，乌云密布，天气骤变。倾盆大雨，倾泻而来。

我望了望我的手，无奈，空空如也，只能求助于你。只见你狡黠一笑："嘿嘿，派上用场了。"只见你帅气地把伞一撑，一举。"好啦，安全了。"我欢呼雀跃。

我俩，都很喜欢，那雨滴在伞上的，滴滴答答的声响，它可让我们心神宁静。

于是，我俩开始了，雨中漫步。

雨下得密、大，在伞的周围，织成了一片片银丝，伴随着雨打在地上的声音，仿佛是有音频的轻音乐，朦胧而又清晰，音乐就是这样，总会用一种神奇而捉摸不透的力量唤醒、触动我们。因为它，雨中漫步不再单调，而是充满了一种想象之外的美好。

过了一会儿，在伞中的我，明显地察觉到了，伞的倾斜，没错，是朝向我的，我努力地把伞弄正了。雨中有风，风把你的裙摆吹向了那银丝，再送回来时，裙摆湿了。

"咦，你干吗呢?"你疑惑不已。

"你看看这伞，都斜成什么样了?"我不禁有些"打抱不平"。

"哎呀，都习惯了，你比我矮，我要保护你啊。"你一本正经地道。

我沉默了一会儿，又努力地踮起脚尖，努力踮到你的高度。

雨下着，只是那雨中的身影，脚步加快了许多……

爷爷的小笼包

上海市位育初级中学　宋紫辰

家的门口有一家小笼包店,那是我爷爷开的。老一辈人包的小笼包是纯手工的,口感极佳。从擀面,到剁肉,从包成,到入笼,可以说里面的每一步都有着爷爷辛勤的汗水与一丝不苟的坚持。

一、幸福的忙碌

光阴似箭,皱纹弄脏了他原本清秀的脸颊,时间悄悄把他的青丝染成白霜。那么多熙熙攘攘的客人,那么多琐碎喧嚣的声音,似乎没人发现爷爷的变化。

"爷爷你怎么总是一个人在忙,你难道不累吗?"

"当然不累,只要大家吃得开心,不管多累我都愿意。"

记忆是美好的。爷爷的笑脸始终浮现在眼前,有种幸福的味道被包进了一个个美味的小笼包中,溢出满满的美妙汤汁,淌进食客的心里,化成一张张幸福满足的笑脸。

二、不解

某年冬天店里来了一个奇怪的人,穿得斯文体面,但看起却饥饿难耐。爷爷立刻做了一笼小笼包送上来。那人饿坏了,一连吃了四笼。终于吃饱了,但是他却没钱买单。我虎视眈眈地看着他,心想:我爷爷尽心尽力给你做,你这人一口气吃了这么多,竟然还不付钱?刚想冲过去的我却被爷爷拦住了,我又惊又怒地看着爷爷,他却笑了笑,上前说:"小伙子吃饱了吗?你是哪来的?我可以想办法送你回去。""不用了,真不好意思,谢谢!"那人说。

他走了以后我愤愤不平。"为什么?为什么?他不付钱你却还要帮他?"

爷爷看着我,眼中流露出慈祥。"孩子,你还小,但你虽还小,却要记住,只要心中有一颗善良的心,愿意帮助困难的人,走遍这大天下,四面八方啊,都是你的朋友。"只是我当时还不懂,这是一个多么淳朴善良的老人啊!

三、变化一夜之间

一篇名为《感动,小笼包》的文章火了,上面明确指出了地址。不久后就有记者来到我们家店门前,"长枪短炮"一系列的拍照采访后他们扬长而去。几天后新闻中出现了爷爷的店,然后许多人都来这里品尝价廉物美的小笼包。

一切看似欣欣向荣,可是每当我看见爷爷那总是忙碌的背影,我心中就只剩下心疼,再无其他。

四、机器

今天爸爸带来了一个机器,对爷爷说:"爸!您再这样身体要出事儿的,这样,我买了台机器,它能帮您擀面剁肉,这能帮你减轻不少负担。"第一次,我看见爷爷生气,皱纹拧成了一个疙瘩,灰白的胡须颤抖着。

"混账,你难道忘了开店那天对邻里们的承诺吗?纯手工,亏得这么多年对你的教导,诚信是做人的第一原则。"爷爷怒道。

"可是……"爸爸争辩道。

"不许再说了!"爷爷不容置疑地说。

父子俩都静默了,但周围的空气却是暗潮汹涌。

五、雷与闪电

爷爷夜以继日地工作,我忙于学习,偶尔能帮爷爷打打下手。可爷爷毕竟老了,力不从心。天空暗了下来,闪电划过头顶，雷声颤动天际。

爷爷病了，店也停业了。

六、春暖花会开

从此爷爷像是变了。不，他是想通了，并不是用了机器，而是定了一条新规定。小笼包只能堂吃不能打包，这是为什么？因为大多数的客人都远道而来，周围并没有任何停车场，这样没过多久生意冷清下来，小笼包只有住在周围的人才能吃。

后来，常听爷爷说别把事情看得太重，要学会是时候放下。

我从爷爷身上学到了许多，多年后，我逐渐懂事，终于明白了爷爷一直在拼命守护的珍贵东西，但真正的守护并不是他一个人用尽一生就能守得住的。

以后常见一个手拿紫砂壶的笑眯眯的老人坐在凉椅上看着世间百态。

以后还常见一个乐于助人，有空就在灶台前擀面，剁肉学做小笼包的我。

小不为何以大用

上海市虹口区教育学院实验中学　方文尧

2020年的春天，在疫情期间我背了一袋米上楼，这是一件小事。

这件小事促进了我的成长，经过此事后我懂得了共同承担责任的必要性，我更懂得了自己应该肩负起更大的责任，为此我立下了自己的志向。有了志向就要为之奋斗终生，"小不为何以大用"。

"清末甲午殇！民族危难之际，吾辈皆应共赴国难。囡囡，侬长大了，侬懂得共同承担责任了，格点蛮好额！勿过，敢于承担责任是好，还要多读书啊，学文以安天下。"这是我背了一袋米上楼后父亲对我说的话。

疫情来了，新冠疫情突如其来！疫情期间新冠病毒弥散在空气中，这无情的病毒在无形之间就有可能让人中招，为此我家的度假计划取消了，新年聚餐取消了，假期中与好友的聚会取消了，就连向长辈拜年也被迫放弃了。这么多对于我而言重要的事都没了，哪里还有人会来为我家送货啊！疫情期间没有了外送员后也就只能由父亲一人去超市采购了。

疫情期间的采购非同寻常,父亲要戴好口罩、帽子、手套和护目镜,全副武装地亲自出动,这些还是小事,为了减少外出次数,父亲每次外出都必须满载而归,而且据父亲说疫情期间的采购简直是一场"战斗"。战斗如何激烈我是不知,但每每采购回来的货物多得以至于把父亲这样一个强壮的人都要累得气喘吁吁,这我是历历在目的。

多次采买后,父亲也是累了,可是作为一家之主的父亲没有停歇,也没有要求帮助,为了减少与外界的接触,他依然坚持独自外出采买,父亲是我眼中真正的男子汉。

一次父亲采购回来,我看到父亲踉跄地进门后重重地放下左右肩上的两个大挎包,然后不等母亲帮着放下背包就一屁股坐到了门槛上。"勿……勿要拉吾,吾……吾还没汏手,坐一歇就好,侬上楼去!"父亲戴着未及脱下的口罩喘着粗气急切地说。

我明白,他这么迫不及待地赶我们上楼是怕我们接触到还没有清洗干净的自己。

随即我和妈妈被父亲赶上了二楼的客厅,上楼后我依然担心累倒在地的父亲,我想看着父亲,为此,我偷偷地去二楼的楼梯口静静地坐着,透过楼梯的栏杆我看着喘息中瘫坐在地的父亲,我很想去帮累倒在地的父亲一把,可新冠病毒肆虐之时我什么也不敢做!

看着此刻累倒在地的父亲，回想起两年前在迪士尼乐园看烟火灯光秀时父亲让我骑在他肩头足足站了将近一小时的情景，那时的父亲让我骑了那么久都不带喘的，父亲现在怎么就显得如此虚弱了。我看到一颗汗珠滑落在父亲眉梢上，父亲只顾点着头喘气，此刻的父亲都没有力气去理会那讨厌的汗珠，看到这一幕我不禁心酸了起来，那一刻我下定决心要帮父亲一把。

父亲再次去采买回来时，我没有打招呼就自顾自地冲下楼去为父亲搬东西。

"侬做啥啦？啥情况啊！口罩还勿戴就来了。"

"爸爸，吾想帮侬，吾……"

"搞啥啦！回去读书，书读读好是真额，没脑子！"

父亲一路数落着我上了楼。

进门放下物品并且洗干净后，父亲还喘着粗气就上楼来到我的卧房内继续教育我："还要哭，讲侬两句就哭，一点不懂事体，现在是大疫之时，是民族危难之时，多读书，读好书，以后对民族有大用，现在勿要帮倒忙！"

听了父亲的训斥我没有任何解释，我只是迅速擦干自己的眼泪且连忙点头应允。

其实，我哭不是因为觉得委屈，也不是因为父亲话说得重，是因为我看到父亲为了教育我更累了，我这次真的是帮倒忙了呀！但是，我是倔脾气，我决定要做的事不会轻易放弃，我依然决心要帮父亲一把。

父亲离开后我独自在房内沉思。我想：读书是要的，可我的成绩门门都是校内数一数二的，我在网上发表的小说还被网站签约了，我现在都能为自己赚零花钱了，读书这件事我已经出类拔萃了而且还做到了学以致用，我何必再多花精力呢。再说了，春寒料峭疫情急，父爱如山一人支，可父亲一个人承担起重担实在是太累了呀，眼看着父亲如此地累，我怎么还能自顾自地一心只读圣贤书呢。对，我必须帮父亲一把。

父亲再一次采买回来时，我穿戴整齐防护用具后站在父亲车前。

"侬、侬哪能勿听闲话……"

"爸爸，我也是屋里厢的一分子，大疫当前，人人应当尽责，我勿能自家安享太平，读书以外我做一点力所能及的小事咸是应该额，小不为何以大用。"

父亲听了我的话愣住了，看了我一会儿后，父亲点了点头说："好！有责任心蛮好，勿过守护家庭应该是爸爸额责任，对于何为大，何为小，侬还要多思量啊。后备厢里拎上一袋米，阿拉一道上楼。"

那一天父亲上楼的脚步轻快，进门后，父亲急不可待地对我说了开篇的那段话。

父亲说那段话时的语气是激昂的。

父亲的话点燃了我心中的激情,也引起了我的深思,对于"何为大,何为小"我的确要多多思量才是。

渐渐地疫情得到了控制,我们要复学了,复学前我终于想明白了父亲那番话的深意,想明白后我对自己说的话也有了更深层次的理解,"小不为何以大用",书都读不好,以后何以人用,背一袋米上楼是好的,但我辈之责任绝不仅限于此,肩上沉甸甸的何止是一袋米,那是家国天下的责任啊!

悟透了父亲的话后,我想找一个机会回复父亲的教诲。

六一前夕的一个周末,我让母亲帮我买来一条父亲爱吃的鳜鱼,我要亲自为父亲烹鱼。

开背、腌制、塞葱、嵌姜、调汁,清蒸鳜鱼做好时,父亲刚刚好到家。得知是我亲自下厨做的清蒸鳜鱼,父亲很是高兴。洗漱完毕,来到餐厅用餐时,父亲一动筷便吃了我做的鱼。

吃了一口鱼后,父亲欣喜地说:"好,米道老好额!"父亲对于我做的鱼很满意。

看到父亲这么高兴,我也高兴了起来。我笑着,即兴地对父亲说:"二〇二〇的春天,孤寂、彷徨、焦虑、惶恐,不是一切的春都是美好的。幸而有你,一袋米、一桶油,点点滴滴、来来回回,是你守护着这个家,当我这柔弱的肩膀试图扛起一份责任时,你那喜悦的目光让我动容，同时你慷慨激昂地说：清末甲午殇，民族危难之际，我辈必当挺身而出，读好书，学文以安天下。父之教诲孩儿铭记，父之喜爱孩儿挂怀，桃花流水鳜鱼肥，今借春末夏初复学大喜烹此鱼以肥美之名敬父爱，父爱如山！爸爸，你的话我想明白了，读书对于我们学生而言看似是稀松平常的小事，可读书这样的小事都做不好，将来何以大用，读书就是我当下的大责任，也是我将来为民族尽责时的基石。爸爸，知识就是力量，将来当需要我直面民族危难时，所学的知识就是我的武器，我坚信可以战胜任何危难，我坚信可以守护好我们的民族大业，学文以安天下。"

听完我的这番话，父亲大喜过望。父亲急切地放下手中的筷子后用手指在桌面上不停地轻轻敲打，与此同时已经热泪盈眶的父亲激动地对我说："好，讲得好啊！今日安享读书乐，他日学成执牛耳。现在的错全是父辈的不是，倷这一代会好起来额，要记牢啊，为人处世要基于诚信，追求卓越，首先要守护好的应该是阿拉民族的荣誉才对啊！"

父亲的话再次点燃了我心中的激情，对，首先要守护好我们的民族荣誉，这将是我一生的志向。为了这个志向我要夜以继日地努力学习。

疫情过去后依然会有暴风雨，我们面对突如其来的暴风雨不能后退，暴风雨再怎么凶猛异常，迎着它，冲过去就能拥抱彩虹。对于我们读书人而言冲过这场暴风雨的方式就是多读书，读好书，将来等我读破万卷书，学成才千斗时，我就可以勇敢地迎接一切挑战。

近来的我常常是一杯清茶夜相随，一盏孤灯伴天明，每每夜深人静苦读时，累了就想一想自己的志向，为了自己的志向再累也不放弃，一杯清咖加上一勺盐，一饮而尽，不苦！为了自己的志向何苦之有。

我坚信黎明的光会穿越黑暗，总有一天全世界的人们都会知道，我们华夏儿女不但可以守护好自身，我们还可以守护好全人类的安危，不，不仅如此，我要让全宇宙的文明都知道，我们华夏儿女是谦和有礼、智慧勇敢的伟大民族，我们会永远守护好自己的荣誉。

葡萄不吃糖

安顺市大西桥中学　胡梦蕊

那年的风乍起,吹走了我们的半个童年。

果然美好的时光要多短就有多短,吹走了半个童年不说,还掳走了那些喜怒哀乐,以至于现在,我对属于童年时的心情已经触摸不到了。

我的童年是最自在的,再有就找不到什么形容词来形容了,反正是不存在什么"问君能有几多愁?恰似一江春水向东流"的烦恼了。

如何个自在法呢?

人的一生都在学习为人处世,而童年就是"为人"的开端。

在航行"处世"的开始,自然比那种学到中途才发现知道甚少,在跋山涉水后一鼓作气,又跋山涉水地回来最初,用成熟的模样学着幼时的文字。

总归童年是没有什么可担忧的,至少在自己六岁半前是这样认为的。

"记住了啊,这袋葡萄要拿给你妈妈洗干净,才能吃哦。"

"嗯！谢谢阿姨。"

这位阿姨是很亲切，不过今天我要讲的可不是阿姨。

"啧，这葡萄就是那么好吃！"那个年纪听见的话，大抵是左耳进右耳出。

这下可好，随着自己蹦着的步伐，两串葡萄也跟着蹦进了肚，小肚子鼓鼓的，里面装满了葡萄，也装满了我的担忧。

就是装满了我的担忧啊——

"葡萄籽不能吃，葡萄籽吃不得，吃了就会生根发芽，芽会从头顶上蹿出来……"

梦见一棵树，还是属葡萄的，就这？可就是这样的一颗小小的葡萄，却引得我魂牵梦萦，葡萄从什么时候开始长出来了？等等！这地是……我，我的头！

"啊——"一声尖叫，响彻云霄。

醒来的第一句话就问："头……还好还好，肚子里的葡萄似乎没有'梦想成真'。"

接着大脑一片空白，仔仔细细地思索着，这梦莫不是在暗示我什么？虽然梦没有成真，但总归还是担忧的。

不行！我不能平白无故就受葡萄的陷害。

以迅雷不及掩耳之速飞奔下床，以迅雷不及掩耳之速开始了对付葡萄的漫漫之路。

"葡萄吃不吃糖呀？"不行，这样问就得暴露了。

"妈妈，如果朋友突然之间不和我说话了，怎么办呀？"我自认为这话问得很聪明，一点也没把自己和葡萄的"关系"暴露出来。

"那就必须要道歉，可以把自己最珍贵的糖给他吃，请求他原谅你，就行了。"

受这话的影响，我费了九牛二虎之力在那封信上表达了我对葡萄的"诚意"：

"pu tao（葡萄）请原 liang（谅）我吧！我可以把所有的 tang（糖）都给你。"

会写的字不多，用了拼音代替，不过自认为也算是蛮有"诚意"的。

随便拿了个黑袋子，去仔仔细细地把"库存"的糖认真地放在袋子里，小心翼翼地装满了黑袋子。

没承想，刚一个转身，两道幽幽的视线便向我扫来，明白了！我被妈妈逮住了。

"你这是怎么了？要去哪儿这一天天的，真是……嗐……"

就像大灰狼对着小兔子怒吼，见着兔子瑟瑟发抖的模样有些无奈，而兔子却忐忑不安道："哦，去……拿糖给葡萄吃，让葡萄不要长大！"

妈妈开始先是一愣，似懂非懂地说："想让葡萄不要长大?然后好好保存几天,再拿出来吃?可是……葡萄不吃糖呢。"

　　长久以来,葡萄籽还是在我的肚里"成长"着,为了让它不再长大,我要源源不断地喂它糖,你看!它一时贪吃,就忘记了长大。

　　葡萄不吃糖,却依旧停留在最初;童年却不买我的账,就算我给童年糖,它依旧我行我素。

　　是啊,什么时候的风乍起?恍惚间就吹走了我们半个童年,想守护我的童年,守护剩下的那半个童年。

又是粽子飘香时

晋中市榆次一中　赵依宁

亲情沉默无声，但它永远守护。

——题记

今年的端午，显得格外冷清。我坐在堆积如山的书本前，进行着紧张的复习。猛一抬头，城市的夜景吸引了我的注意：夜幕之下，万家灯火散发着柔和的暖光，与清冷的月色交相辉映。我愣了愣神——以往的端午节，我都是和父母一起去爷爷奶奶家度过的，那时爷爷奶奶家灯火通明，充满欢声笑语。

思绪恍然回到小时候，我与爷爷一起包粽子的那个夜晚。爷爷蹲在灯光昏暗的厨房，身旁放着一盆粽叶，一盆江米。他扯过一片粽叶拢在手中，然后舀起一勺江米倒在拢好的粽叶中，那米有如神助一般，一粒也漏不出来。他再随手挑起身边的细线，缠上几圈，再用食指轻轻一勾，勾出一个漂亮的结，一气呵成。爷爷做了一辈子的饭，手很粗糙，但做起精细的活来犹如张飞绣花，毫不含糊。而我呢，最喜欢安安静静蹲在他身旁，看着一个个饱满而漂亮的粽子像蝴蝶一样翻飞到盆里。有时我也会淘气地撩起泡着江米的水并洒到地上，爷爷也不训斥我，只是笑嘻嘻地说你就捣乱吧，然后默默地收拾一地狼藉。

爷爷知道我不爱吃红枣，所以每逢端午，他总会专门做一锅没有红枣的纯江米粽子给我，而我也只能在爷爷家尝到这种最特别、最熟悉的味道。

我逐渐长大，繁重的课业压缩了我回爷爷家的时间。每次回去，我的拖鞋始终摆在门口，奶奶都会极其高兴地到门口迎接我。爷爷与奶奶不同，他总是安静地待在厨房，掩饰着对我的思念，却在每个端午节，在我没有回去的时候，嘱咐爸爸带回来没有红枣的粽子给我，同时留一些放家里，一口也舍不得吃，等着哪天我回去了，他好将粽子拿出来给我吃。

今年的我，依旧收到了爷爷托爸爸带给我的粽子。解开细绳，淡淡的粽叶的香气氤氲开来，熟悉的味道不变，却又染了几分思念的滋味。那一颗颗晶莹的米粒，仿佛爷爷深深的牵挂。

爷爷不善言辞，但他永远爱我；亲情沉默无声，但它永远守护。

别蜀地，尽行舟

惠州市惠城区金源学校　邹晓婷

我想离开家乡，云游四海，了解外面的世界，看看不一样的风景。

背上行囊，拜别父母，乘着小舟，沿江水远渡荆门。

两岸的高山直入云霄，怪石嶙峋，陡峭的崖壁，仿佛随时都有可能断裂。藤蔓缠绕了整个山谷，经过春雨的洗涤更加翠色欲流，山谷外云雾缭绕，眼前山水都变得灰蒙蒙。

临近楚地，水面渐趋平缓。松开紧抓船栏的手，环视四周，发觉已行经千里到达长江中游。青山逐渐消失了，取而代之的是一望无际的原野。远眺不远处的小山坡上，安卧着一片小村庄，炊烟袅袅，如丝如缕，正如陶渊明笔下的"暧暧远人村，依依墟里烟"。

眼前仍是滚滚江水在原野上奔流不息。

夕阳挥洒完最后一缕光芒，便隐居深山。月亮撕开浓厚的黑云，露出她那皎洁的脸庞。银光四溢，映入江水，如打磨过的明镜一般。周围一片通亮，水气弥漫在水面上形成了海市蜃楼。水中的鱼虾,在波光粼粼的江水中像小精灵一样自由自在地游泳。

在月光的照耀下,任凭江水送我前行。

雨点轻柔地打落在我的脸上,凉凉的,我睁开眼,看着江面上平静的孤影,不由得想起与我渐行渐远的故乡,还有这风雨无阻的行舟。

庚子，长安

成都棠湖外国语实验学校　郝鑫玉

冬天从这里夺去的，春天会交还给你。

——题记

春树，冬雪

春日载阳，有鸣仓庚。

一之日觱发，二之日栗烈。

渡

因学业上的失利，来此山中，养生息。

宫锦花，一大捧一大捧，极艳，一旁蜡梅，略逊。民宿中，一珍珠鸟，在竹枝上，跳来，跳去，极可爱。木屋旁，卵石边，清溪中，鱼，跃，又一扭，蹦出水，又落。

山上的雾，重；池边的豆娘，渐飞渐沉。

母亲去办理入住手续，我同父亲，坐在沙发上。我的神，飘山中；他的眼，定在手机，笑呵呵的。

过了许久，母亲仍旧未来。父亲，起身，手抖抖头上的尘，摇晃着，朝前台走去，我亦同跟上。

原来是母亲，不小心把房间的位置，订错了，正同服务员协调……

"早说不要网上弄，你看嘛。"父亲的声音，变粗了，"弄错了，真是麻烦得很！"

母亲，手，紧握手机，鼻子，好像微微一抽，言："将就吧……"

"就这样，又不会住不舒服。"

父亲，"哼"一声，快步，大摇大摆，去了。

到了屋子，也是极好的。

月戏竹，水伴莲。空谷鸟鸣涧，瓦屋虫奏泥。月露之形，雨落之音。珠牵叶，风伴池。杳杳神音，盈盈幽仙，香引痴云浸天衣。莺声燕语，渠水哗哗。引檐下，空想意。

别有一番韵味。

春华秋实

每一次，失败，成功，愉悦，忧愁……几乎都是婆婆那边，伴我。举一例子吧，考试失利，婆婆和外公，给我熬鸡汤，不休地，说安慰的话语；小姨和妹妹，也邀我，到他们家中，吃美食，游公园；母亲，也顶着年底工作的压力，四处找关系，求一恩师，助我重回榜首。但，父亲，也给了我话："你分析你错在哪儿，下次……"我，转眼，望窗外，看那枯槐，即使有架子，却，仍空。

看着，母亲、小姨、婆婆、外公……一丝丝的青丝，染上寒霜，脸上坑凹、铜斑越来越多，肤，也成纸般，不忍痛心……

好在，妹妹，全陪我老下去……

在家人的伴同下，我，也渐渐开花，愈开愈盛，在秋日，也有了，自己的果实。

安，即可

庚子年，瘟神下凡。樱，无人赏；人，无仁问。昏昏沉沉，灰灰尘尘，人间多烟，百般璀璨，然，只数人，愿成。

沽，即可；情，即可；安，即可。

矛盾消灭机

无锡市侨谊中学　金龙娇

晚上夜深人静的时候,我才想起来语文抄写作业还没有做,便强忍着睡意,把眼皮撑开,开始写作业。当我把最后一个字写完时,窗外竟射过一道光,接着就是"砰"的一声。虽然我觉得是我犯困在胡思乱想,可是好奇心却指使我走出屋外。

我走出屋外,在金光落下的地方发现了一个盒子。我轻轻拾起盒子,回到了卧室里,准备第二天再一探究竟。谁知,那盒子却自己说话了:"你好!我是矛盾消灭机,一个看似普通却又十分神奇的盒子。只要对准有矛盾的两人中的其中一人,也可以输入姓名再按下绿色按钮就可以消灭矛盾了!你是我遇见的第一个地球人,也就是我未来的主人!"我欣喜若狂,想起了可怜的妈妈——一位被"小人"嫉妒的贤惠又能干的女人。我在嫉妒消除机上输入了妈妈的名字,再按了按绿色按钮,一道若隐若现的光悄悄地飞出窗外,朝那个嫉贤妒能的"小人"家飞去了。

果真,第二天中午我回家的时候看见妈妈一脸的惊讶和喜悦，她抓住我的手就嚷嚷："哎呀，女儿啊。今天也不知怎的了，小林居然对我这么客气，还帮我做了好多事呢。我感激都来不及，她居然还主动和我为原来的事儿道歉！现在我跟她一点儿矛盾也没有，真是好得像亲姐妹一样啦！"我一听到这话嘴角就微微上扬，满肚子的高兴，心里想着去帮助更多因矛盾而痛苦不堪的人。

于是，我走上大街，看见卖菜阿姨正在和一位老婆婆争吵。"你这个骗子，少给钱还想跑？""哎，我倒是想问问你，一块钱算个啥？""你以为我们卖菜生意好做吗？啊！"……仔细一听，原来是老婆婆少给了卖菜阿姨一块钱。我趁她们不注意，对准她们按了一下绿色按钮，结果画风突变——"刚才是我不对，不该为一块钱骂你的。""我也有错，一块钱还是给你吧！""慢走啊！"刚才热火朝天的争吵，就以这样圆满的结果收尾了。

没想到，这小小的盒子居然能化矛盾为和谐，化敌人为好友！所以接下来，我让好朋友的家长停止了争吵，解救了被争吵和口口声声喊"离婚"困扰的朋友；正处于叛逆期的孩子顶撞家长，我让他们重新回到原来的爱家人、爱生活；一个包工头正使劲骂工人，我便把包工头变得善良友爱，让他们去关心和爱护工人……我就这样，默默地用这个神奇的盒子——矛盾消灭机来挽救这个充满矛盾的世界。

又是一个夜晚,矛盾消灭机突然说话了:"你想,矛盾的产生者不正来源于你们人类自己吗?只要你们能够退一步为他人思考,也许世界就能海阔天空,也就不需要我这种神奇盒子来帮忙了。其实你们身边就有一个这样的盒子,只是你们一直没有打开。再见!希望你们能够打开这个盒子!"说完,便化作一道光飞走了。

我望着漆黑的天空,心里想着:确实,我们人类一直能"打开"那个神奇的盒子——宽容。看来,我们必须用宽容这个神奇的"盒子"才能真正解除人类之间的矛盾啊!

拾

深圳市南山区深中南山创新学校　钟宝莹

海风夹杂着海的腥味打着旋儿与淘气的孩童一同奔过沙滩。午后的柔和的日光笼罩着这个世界，海洋镀上了蓝，蓝得舒服。

海洋是夏日的灵魂。

脚底的细腻软绵的沙有些许烫脚，浪花卷起爽气扑向海滩，邀请着人们参加这场夏日派对。

浅海里、泥沙中，镶着各式各样的螺壳。我迫不及待地踏入浅海，也不顾海水打湿了裤脚，迅速拾起相中的螺壳，生怕它被海浪卷走——或许就再也见不到它了。

是一颗钉螺，特有的嫩粉带淡黄的色彩，因为还沾有海水，所以在阳光下闪闪发光。盘旋的纹路终在顶端汇成一个尖锐的螺尖。小巧玲珑，煞是可爱。

人人常说，世界上没有两片相同的叶，同样地，海里每一颗螺壳，都是独一无二的。

乍一看海浪是那么地温柔，却不知它无时无刻不在卷走你面前的无数螺壳。有时眼看就要抓住了，一秒不到的时间它就随浪而去,留下手里抓着一把泥沙的我;有时过于沉浸在眼前一小片海滩,却未注意到在自己旁边,就有一颗精妙绝伦的在浪中舞兮蹈兮的螺壳,当自己发现时,它却早已随浪而去,追悔莫及。

快,准,狠,纵观大局,方才不会留下遗憾。

海滩与螺壳,不正如人生与机会吗?

在人生的大海里,有无数的机会。它们一波波随着海浪来到你面前,察觉后迅猛把握将其拾起,不然小则遗憾一时,大则抱憾终身。同时不可如井底之蛙只注意到眼前狭小的一片区域,纵观大局,方可有更多惊喜地发现。

无垠的洋,永无止境。拾,方有惊涛骇浪;拾,方有海阔天空。

风奏笛,浪拍岸,泥沙上留下串串足印……

生来要强

厦门市莲花中学　陈彦铭

没有人生来就是强者，也没有人生来就优异。

——题记

孩提时，我每当吃饭没有自己爱吃的菜时，总会双手撑着头，一脸"生无可恋"地望着桌子，过个几分钟才勉强地吃一口米饭，再嚼个几十口，最后缓缓地咽下去。这样的时候，十有八九我会无理取闹，每当这时，爸爸就会用他浓重的乡音感叹一句："身在'胡'中不知'胡'哪——"

我当时还小，当然不明白其意，但却听出了爸爸的伤感和一丝羡慕。

上周六的夜晚，爸爸坐在庭院里泡茶。在满天的星光下，爸爸突然跟我讲述他那几十年前的故事："八岁时，我和你两个姑姑就要每天轮流拖地，扫地，因为你奶奶怕她们两个晒黑了嫁不出去，放牛和种菜就由我来干，那时我还卖冰棍嘞，推着个小车走遍了整片家附近的区域，当时一个冰棍才两分钱吧,在炎热的夏日,我在五点半就出了门,直到十二点才能回家吃饭,一天最多就挣个几毛钱!不过当时的几毛钱算现在的几块吧。"

"那也挺少的啊,在大热天看着一车的冰棍却不能吃,那可是一种巨大的折磨!"我看看爸爸黝黑的面容,想了想便无比难受。

"到我二十来岁时,我和你爷爷亲手盖房子,又找你大姑小姑借了几十万,把原本我们住的小平房拆了,重修地基,再盖了五层,盖出了现在的房子!"

"房子不能一天盖好吧,那你们睡哪儿啊?"我问。

"睡地板呗,放张薄薄的毯子,啥都没有就睡了,大半夜还被蟑螂爬,时不时窜出来几只老鼠。当时哪里有你们这么好的条件!"爸爸叹了口气,比头发先白的胡子抽搐了几下。

我汗颜,顿时想起以前一只拇指大的蟑螂掉到自己领口上把我吓得大叫的事。

"还有呢,在房子盖好之前,你奶奶叫我去相亲,对方是一位长得还行的女孩,原本谈得挺好,还夸我长得帅。后来第二次见面就说我们家一穷二白,不谈了,原来她爸妈还托人调查我们,几个月后我才听说,她家也不过是个在菜市场卖鱼丸的,还嫌弃我们穷!不过也因为她的嫌弃,让我决定了要去闯荡。我从一个水务集团的工人，到后面一步一步当包工头，又后面被提拔上去做老总，全凭我自己的努力。"爸爸富有棱角的脸庞显现出无比的骄傲。

"结果等我有了收入，给家里买碗柜、电饭煲、桌椅后，那个女的竟又找上门来，说要嫁给我，我跟她说，我穷时你看不起我，我有钱了还看不上你呢！"

"说得好，出气！"我已经听入迷了。

我听完爸爸的一席话，感受颇多，更是为自己的种种行为感到羞愧。没有人生来就是强者，但我们可以做一个坚持不懈为目标奋斗的人。

定格三十三

厦门外国语学校湖里分校　黄贞绮

深夜,仰望天空,漫天繁星,每当流星划破天际,落向远方的深海,我脑海中闪过儿时在庭院中乘凉时,也曾见过星星从天际划过,而奶奶会自言自语:"又一个人走了!"后来,我才明白,奶奶的意思:一颗星从天下掉落就是一个人离开了人世。

按下手印的那一刻,他们也曾想过这一去可能再也回不来了。2020年1月注定是一个不平凡的开始,一群稚气未脱的孩子投入到了抗"疫"的最前线。

张静静是一名护士,她在生命最美的年华义无反顾去了湖北支援。镜头闪现在黄冈的她,考虑到长发易出汗,藏匿病毒而且还不方便穿防护服,索性剪了寸头的模样。每天的她被防护服裹得只剩下一双深邃的大眼睛,谁能想到她是一个只有三十三岁的大姑娘。

镜头再次闪现出在大别山区这样的地方,医疗设备很是简陋,场地也是临时改建的。张静静和同事们要从一无所有开始规划工作流程。然而在这样的条件下张静静还是凭借着专业素养和敬业精神去感化身边的每一位患者。

面对一位五十多岁的阿姨,张静静处处想着减轻阿姨的痛苦,尽管血管不好找她依然凑近了反复寻找,只为一次就成功,还不断给阿姨讲出院患者的例子,想让阿姨更有信心。熬到凌晨四点他们也没有说过累,陪伴每一位患者,给予患者们重生的希望,他们是暗夜的一束光,帮患者找到归岸的路。

可当镜头又闪现时,她似乎已经在回来的路上,却似乎又一去不返了……

"嘀——"

抢救无效,这样的结局让人心痛。

呼吸科的主管护师张静静心脏骤停,她的一生就这样定格在了三十三岁。在静静生命的最后一刻,仿佛能看见她的笑容,是那么地美那么地轻松,可惜再也不能亲眼看到了。

在世界各地,依旧有像静静一样全力以赴的白衣天使。他们一天下来顾不上吃饭,三顿当成一顿吃,累了躺在地上就睡,有时再累也不敢睡,他们怕耽误一条生命……在民族大义面前,他们舍小家,顾大家,用生命诠释着大爱无疆。

深夜,我忍不住发出这样的喟叹:勇者无畏,他们又何尝不平凡，他们也曾是父母手中的宝贝，也曾依偎在爱人的身旁，也曾当过孩子们最爱的父亲母亲，他们只是心中多了一份担当。

守护

深圳市罗湖外语实验学校　詹秉恒

这次的新冠肺炎事件我是深有感触的。我现在是初中生，以一个学生、青少年的角度看待这次病毒风波。小的时候，爸爸妈妈讲起"非典"，称赞钟南山老先生不惧权威，坚持自己的立场，是属于那个时代的英雄。"非典"距离我很远，不禁庆幸。没想到在2020年初，新型冠状病毒肺炎来势汹汹，席卷而来。我觉得，2019年虽然没有顺利画上句号，但是这场风波一定会有个圆满的结局。现在的医疗技术条件成熟，中国上下齐心，对此十分重视。就连年过八旬的英雄也重披甲胄，在一线攻克难关。这个举动无疑是给所有人吃了一颗定心丸。

在这个寒冬，我一个人在深圳过年，深圳的变化是极为巨大的。清晨，我被楼下巡回的宣传广播喊醒，"勤洗手，戴口罩。开窗通风，注意保暖，保持室内整洁……"出门需要戴口罩，进入小区我需要出示二维码，量体温。两个小区之间有门的上锁，没门的装门。出行不得不绕路，一天下来，我需要测量六次体温，通过三道拦卡，我无可奈何，又觉得他们防范到位。

除此之外，网上盛行如何室内消毒、买口罩戴口罩方略等，无不是在为彼此打气，尽管谁心里都没底，不知道结局会如何。我为之动容。有关医护人员在前线不眠不休抢救病人的视频比比皆是，热搜榜话题更是从来没有脱离病毒事件。看了这么多，才知道，原来一个人可以憔悴得这么快。我看到一所医院可以在十日之内建立起来，看到无数医护人员在昼夜间穿梭的图片。由于物资紧缺，他们从来没有脱下一身武装，相反地，有先见之明的前辈备好了纸尿裤，为了节省时间，也为了和死神抢人。值完班的人员就着冰凉的座椅和地板躺下，蜷缩着睡着。太累了，旁观者都知道，可是无能为力。我也不例外，掉下眼泪。隔着屏幕，我仿佛听到了他们安稳的、坚定的心跳声。蓝色的消毒帽盖住乱蓬蓬的头发，透明的防护镜和口罩紧紧勒着皮肤，厚重的防护服下，一张张平凡质朴的面孔满是疲惫，唯有露出一双眼睛，亮亮的。我知道他们想要说什么，眼睛是会说话的。就是他们，没日没夜地守护着人民群众。

人人自危之时，不乏爱国志士站出来贡献绵薄之力，上海开面包店的一对热心夫妇不惜高价购进面粉等原料，连夜赶做面包，送往各处医院。外省有位农民采摘数亩新鲜蔬菜，并一些粮食运到湖北。他说，我没有钱，但是我还有点吃的。国家需要什么，只要我有，我就愿意拿出来，都是中国人。就连邻邦日本也雪中送炭，我记得那些货箱上的句子：山川异域，日月同天。岂曰无衣，与子同裳。

这阵子，噩耗终于渐渐消退，取而代之的是令人振奋的好消息。近日，世界卫生组织来访中国考察的人员对中国亦是赞不绝口，频频为我们发声。除此之外，俄罗斯也坚定地站在中国的立场上捍卫我们的声誉。我一直认为，泱泱大国，五千年风风雨雨都走过来了，不会被一场疫情打败。在危难来临之际，涌现了一批又一批热血的国之栋梁。他们带来的不仅仅是安全感，更多的是感动和骄傲，因为我也是中国人。作为学生，虽然羽翼尚未丰满，但是我们不是小孩子了，感受得到我们自己的处境。在世界范围内，有居心叵测利用舆论诋毁中国的；在境内，有成千上万的病患等待救援。这一切的解决方案都在有条不紊地进行。我相信，在不久的将来，会有一批新时代的青年崛起，像"90后"守护现在的我们那样，守护祖国——那就是我们。在这个寒冷的冬季，我竟然感到些许暖意蔓延开来。冬天来了，春天还会远吗？

守护明天

南阳市唐河县唐河育才实验学校　莫辞

1

琅琅书声
引得诗情到碧霄
朝气蓬勃
却博得忧虑至天涯
树下的徘徊
内心千万次的彷徨
星河的水
化作泪滦灌干涸心地
岂能不闻不问
在夜空下
我们披一身月光
揽一怀星辰
淋着万家烛火
拿捏着一身傲骨

入尔心中……

2

这足以与天比肩的垃圾

刺破云霄

银河收回了南北极的冰

还回了南北极的热气腾腾

臭味钻入人的内心

腐蚀人的灵魂

天空中将细针作雨下

刺痛人心

何不行动

3

吾辈当自强

国之荣耻取决于民

跨过银河,翻过雪山

走过草地,吃过树皮

万险万阻已过

明日需我们守护

别样的"火锅"

西安市东城第一中学　闵诗睿

时光中的每一天都不同，有时它看起来虽然与昨天相差无几，但却有着自己独特的光彩。疫情突发，我也迎来了我不一样的一段时光。

虽然思绪万千，想法众多，但一场疫情足以浇灭你青春炽热的幻想，使它回归于平常，回归于以往。今天我就来讲讲我在疫情中度过的一天。

那段日子是新冠病毒感染最严重的时期，新闻里的病例数以千为单位上蹿，蹿得人心慌，蹿得人恐惧，出门成了一种"奢侈品"。一家人每天都窝在家里，想着法子地打发时间，该玩的"节目"越来越少，整天除了吃就是睡。这时，大家开始怀念外出的日子，怀念阳光，怀念春天，怀念公园的溪水，怀念鸟鸣……

怀念之后，生活仍然要继续，吃喝拉撒如同一块魔石，每天吸着你的胃，在固定的时间总能敲响生物钟，饥饿便成了一件想甩却怎么也摆脱不掉的事。

每二天爸爸出门采购一趟，看着爸爸消失的身影，我那颗被囚禁了太久,却始终跳跃的心仿佛也被带走了。窗外没有发芽树枝,稀稀疏疏,平日热闹的院子,没有了孩子嬉闹显得冷冷清清,静静地等待是此刻最好的时光。

门吱呀一声,爸爸带回了各式各样的吃食,更有疫情下城市的气息,及街道门店鲜活的生活变化。

接过爸爸沉重的行李,母亲总要给爸爸来个"酒精喷雾消毒"仪式,从头到脚,甚至鞋底,这也算是疫情里特有的问候礼。

我看有恨不得将爸爸彻底消杀的阵势,我们两个孩子却急着去抢零食,但每次都被妈妈打手退回。只好听爸爸讲买东西的不易,大有过五关斩六将的架势,手机扫描,层层测温,排队进店(一米距离),选商品,东家没有,同样的程序,西家再来一遍。五六个店面下来,东西凑齐了,城市也被跑了个大半。

好处是大街人流少,车更是少得可怜,宽阔的马路好像是专门给爸爸电动车留的,那叫一个爽,爸爸一边说一边感慨,平日里堵得要死,现在那叫一个"空",宛如一座空城,熙熙攘攘的人群,被一场疫情"隐"得不知去向。

我也想看一看不一样的街道,不一样的城市面孔,可是疫情肆虐,只能在家幻想幻想罢了。

"生"不逢时，我的生日恰巧赶上这个特殊时期。

想到三天才能出一次"窘境"，我的生日一定不好过。现在还会有哪家蛋糕店营业，即使开了门又有谁敢买呢？怀着一丝希望、一丝不甘，我失望地说，要不我的生日就不过了。

"不行，不行。"老妈老爸异口同声地说。

我心想，不过也不行，又没有蛋糕可吃，到底这怎么过？还是老妈主意多，说道，我们吃火锅吧，我正要否定，平日里一贯提倡节约的老爸却同意了。

我惊讶地问爸爸，平日里主张"节俭，吃多少做多少"的你，今天怎么如此豪爽？爸爸做一个鬼脸说："女儿的生日一年就一次，当然要豪爽一些啦。"

我面不改色地说："那好吧！"心里却乐开了花。要知道在特殊时期，能吃上一顿火锅实在难得。这可算疫情下，最有排场、最富有的生日。

说干就干，爸爸负责外勤，跑遍了十几家才买全食材。我择菜，妈妈洗和做，两岁的妹妹也没有闲着，一会儿扔烂菜叶，一会儿扔副食包装皮，一不留神垃圾桶里"长满"了绿菜，搞得父母哭笑不得，只好"腾出"爸爸与她一起玩。

考虑到妹妹年幼怕辣，我又酷爱吃辣，火锅锅底做成鸳鸯锅，一家人围坐在一起，看着咕嘟翻腾的底料，就像是一个一个炸响的浪花，释放出诱人香味，也送来温暖的气流，房间顿时有了生机，有了祥和与温馨，好像这场疫情马上就要过去一样。人们期待的幸福就在锅里，就在欢声笑语里。

边吃边聊，聊天里的主角自然就是这场疫情，还有我成长中，或笑或哭或闹或惊险的精彩瞬间。

不知不觉，时间已到了傍晚。一家人急速地收拾"战场"，打开电视。新闻联播正在说着疫情。2020年春节，原本是举国欢庆、四处如歌的时光，我们却全力以赴应对疫情，阻击疫情。

说到这场没有硝烟的战争，我们看到许许多多感人画面。八十高龄的钟南山院士挺身而出；白衣战士们为了拯救生命逆行而上；各条战线的人们放弃团聚，齐聚武汉数天时间建成拯救生命的"神仓"火神山方仓医院和雷神山方仓医院。社区工作者、道路运输保障者、志愿者等人员，以自己微薄的力量，汇聚成感人的洪流，书写着这块热土上最感人的壮举。他们舍己为人，果断勇敢，砥砺前行，众志成城的精神，打动了当今中国的每一个人。

这场突发的疫情，搅乱了人们的生活，更搅了这个喜气洋洋的春节，还有我的生日。环抱在父母浓浓的亲情里，感受着房间的饭香余热，疫情使我有了更多时间陪同家人，也懂得世间的"一方有难，八方支援"的大爱。我不仅收获了物质上的美味,更收获了爱我中国、爱我人民的中国心。

我们青年人要以饱满的热情向"逆行者"学习,用知识武装自己,为国家腾飞做出贡献,让祖国更强大,让人民更幸福。

重症病房的未来

金华市金华海亮外国语学校　祝菲阳

大理石铺就的走廊

回荡着生命的渴望

不多不少人来人往

哪个能被死神遗忘

一条条满是针孔的手臂

是曾经努力抗衡的证明

他们都有着共同的秘密

他们感受过死亡的气息

十六岁少年的肩膀

扛得起多少痛和伤

他不是不够坚强

呐喊着　质问着

未来会怎样

谁告诉过他呢

快乐要烟火地嚷

忧伤要汪洋地放

现在如何假装

如何刻意地遗忘

被泪水洗干净了的眼睛

被路灯拉扯长了的背影

这里的未来

似缥缈尘埃

似白雪皑皑

但是　请相信

所有的痛苦终将释怀

远赴的人们未曾离开

这里的未来

因为他们的笃信　驱散阴霾

因为他们的欢声　添以色彩

因为他们的等待　满径花开

图书在版编目（CIP）数据

"爱不孤读"青少年主题征文获奖作品集 / 中华文学基金会，中国平安编. -- 北京：作家出版社，2021.12
 ISBN 978-7-5212-1550-2

Ⅰ.①爱… Ⅱ.①中… ②中… Ⅲ.①作文-中小学-选集 Ⅳ.①H194.5

中国版本图书馆CIP数据核字（2021）第201119号

"爱不孤读"青少年主题征文获奖作品集

编　　者：	中华文学基金会　中国平安
责任编辑：	丁文梅
装帧设计：	意匠文化·丁奔亮
出版发行：	作家出版社有限公司
社　　址：	北京农展馆南里10号　邮　　编：100125
电话传真：	86-10-65067186（发行中心及邮购部）
	86-10-65004079（总编室）

E-mail:zuojia@zuojia.net.cn
http://www.zuojiachubanshe.com

印　　刷：	唐山嘉德印刷有限公司
成品尺寸：	142×210
字　　数：	174千
印　　张：	10
版　　次：	2021年12月第1版
印　　次：	2021年12月第1次印刷
ISBN	978-7-5212-1550-2
定　　价：	52.00元

作家版图书，版权所有，侵权必究。
作家版图书，印装错误可随时退换。